加害者臨床を学ぶ

司法・犯罪心理学
現場の実践ノート

門本泉
Izumi Kadomoto

Ψ
金剛出版

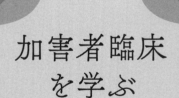

この本について

本書は、二〇一四年から二〇一六年にかけて、『臨床心理学』誌に全一二回にわたって連載した論文を一冊にまとめ、さらに終章を加えたものです。当初は「非行・犯罪の心理臨床」というタイトルでしたが、今般単行本化に際し、改題しました。非行少年や受刑者と出会う臨床現場を本書では「加害者臨床」と呼ぶことにしましたが、もちろん、犯罪のなかには、構成要件として被害者が存在しない場合もあります。しかし、本書では、世の中のルールや秩序を破る行為に至った人たちへの心理臨床活動と読み替えていただけると幸いです。

本書では、日頃思っていること、考えていること、感じていること、そうしたなかからその瞬間瞬間で現場の一臨床家である筆者が信じていることを、ノートの覚書のように記しています。すでに古くなった統計値などは、今回新たにしたものもありますが、「今からX年前」などという表現は、文脈上、あえてそのままにしました。ですので、発行年とは多少の齟齬が生じる場合があることをご海容ください。また、専門誌に掲載されたものではありますが、論文調では綴られておらず、典型的な「専門書」とは言えません。しかし、ただでさえ難しい人間の心理について考え、理解するという難しい営みを可能な限り日常語で書くという努力は、大変専門的な作業とも言え、少なくとも筆者には自分を見つめ直すセルフスーパーヴィジョンのようなプロセスにつながりました。

ここにある「知」は絶対的な知ではなく、読者にとっては異論ありと言いたくなるものも少なくないかもしれません。当の筆者自身でも、すでに連載から時間が経過し、当時とは考えが若干変わっている部分があります（ですが、その時々考えていたことの「生々しさ」を優先させ、あえて加筆せずそのまま掲載しています）。臨床家の考え方は、真剣に実務に取り組んでいればいるほど変化していくものだと思います。きっとあと五年したら、そして筆者が真剣に実務に邁進することができていれば、自分の臨床活動に関して、また違う景色が見えているのではないかと期待しています。また、本書に記されている見解や解釈は、すべて筆者個人のものであることも、予めお断りしておきます。

目次

第3部 「わたしたち」という関係

第1部　「あなた」＝非行少年・受刑者という対象

第1章　社会を困らせる〝魅力的な〟人々

本の執筆をお引き受けすることになった。まだまだ中堅どころで、まったく丈違いの仕事と承知しているが、とにかくお引き受けした。日頃、臨床活動のなかでもやもやと思っていることを言葉にするよう後輩たちに勧めている手前、自己一致（congruence）を図ろうという動機と、ベテラン以外の発信も時には面白いかもしれないという無責任な期待からである。もとより、非行少年や犯罪者を対象とする心理臨床領域（本書では、「加害者臨床」と呼ぶこととする）からの〝現役〟による発信は、他領域の専門家あるいは一般の人の目に入る範囲ではまだ少ないという現状も、筆者の決心を後押ししている。

中心に置くもの

本書を貫く軸足あるいは焦点は、この領域の臨床活動に登場する「人」である。具体的には、①対象となる非行少年と犯罪者（筆者の場合、矯正施設に勤めているので、主としてそこに入ってくる非行少年や受刑者）、②彼ら（以下、臨床活動の対象者である非行少年や受刑者をこう表現する場合、男女両方を指すものとする）と出会い、関わる心理臨床家、そして、③この両者を取り囲む、より大きな単位（組織など）を取り上げる。換言すれば、「あなた」「私」「わたしたち」という三つの側面の検討を行ないたい。

〝夢を現実にする人たち〟の魅力？

人間は、少なくとも生きている間は規範とルールから自由になれない。というより、社会による影響から完全に自由にはならない。山奥で隠遁生活をしていようと、刑務所に収容されていようと、規範やルールのなかに生きており、当然、これらに従って生きるべきとされる。また、そもそも規範やルールには、人々が互いに気持ちよく暮らすためという目的があるにもかかわらず、我々の実質的な営みとしては、自分を外界に合わせるという前提の下、枠に従い、制限に縛られることを要求されるので、「気持ちよくない」性質が必然的に現われることになる。

それゆえか、与えられた枠から外れることは、しばしば人間に「快」をもたらす。そして、枠から外れて社会の調和を乱す人々、他者に迷惑をかける人々は、時に多くの人、とりわけ、それをしない人々にとっては魅力的に映るようだ。これは、文化、芸術の発展の歴史を見れば瞭然の事象であろう。たとえば、犯罪や反社会性に関する描写がなかったら、文学、芝居、映画、テレビドラマなどは、どれだけ味気ないものになっただろうか。「ルパン三世」も、「羊たちの沈黙」も、コッポラやヒッチコックの多くの名作も生まれなかっただろうし、「刑事コロンボ」や「○曜サスペンス」の軽快な謎解き、「水戸黄門」で描写された正義（悪者が成敗されて平和が守られる）によるカタルシスも味わえなかったはずである。

我々は、社会規範からの逸脱（法律の文脈で言えば非行や犯罪）の何に惹かれるのか？　作家のウィリアム・ランデイ（Landay 2011）が、彼のブログで犯罪小説に人々が惹かれるのはなぜかについて書いている。彼は言う――日常、一般市民として暮らす我々も皆、隠れた欲望、欲求、敵意などをもっているわけで、そういう意味では、スパイ小説も犯罪小説も、「異常」の描写ではないのだと。それに、小説を読むことで、被害者になる不安を軽減させたり、犯人を（代理的に）やっつけるという快感を得られたりもする、あるいは、ホラー映画やジェットコースターに似た非日常的なスリルを体験できることもある。

司法精神科医のサイモン（Simon 1996）は、一般読者に向けて書いた“Bad Men Do What Good

Men Dream" という本のなかで、「悪人」と「善人」を本質的に区別することは困難であると結論づける。そして、人の心にある、善－悪、利他性－利己性、誠実－不誠実、親切－悪意など、相反する要素を包含し、全部をひっくるめて「人間性」を定義している。すでに一五〇年以上前に、詩人ボードレールも、「人間の敗徳を飼ふ穢らはしき動物園に、啼き、唸り、吼え、這ひ廻る怪物の央にあって、さらに醜悪、奸譎の、不潔極まる獣一匹」（ボオドレエル 1961）が、我々誰のなかにもいるとし、読者の同意を強烈に求めている。

臨床心理学ないし心理臨床の周辺に目を向けると、非行や犯罪という事象は、どちらかと言うと治療を難しくする、それゆえ無視できない問題として関心を集めてきたように思われる。時折、児童養護施設などの児童福祉施設、幼稚園の保護者会、教育委員会関係の集まりなどで、非行・犯罪について話す機会があるが、参加者の多くはこの問題に、より厳密に言えば、非行少年や犯罪者がなぜ生まれるのかということに、強い関心をもって集まっている。

また近年、「犯罪心理ブーム」と言いたくなるような現象が起きているとも聞く。これはこれで非常に興味深く、なぜ非行や犯罪にまつわる心理に一般の人々（特に若者）が心を傾けるのかについて、いろいろ思索を巡らせたくなる。なかには、上述のようなスパイ小説の延長で関心を示す者もあれば、特異な非行・犯罪に至った人々に対する独特の思い入れから、「犯罪者」への想像・空想を掻きたてられる者もいるようである。以前、八年間ほど大学の非常勤講師をしていた。「臨床心理学」という講座であったが、学生たちから、筆者が日々会っている非行少年・受刑者たちとは一体どのような人たちなのか、特徴的な人格像や生い立ちはあるのかなどについて尋ねられることが多かったのは印象的だった（個別事例について知りたがる彼らのリクエストには答えられないことが多く、申し訳なかったが）。学会などで出会う学生のなかにも、稀に犯罪者に若干の性愛的関心の類を抱き、ボニー・クライド症候群（Bonnie & Clyde Syndrome／犯罪者との恋愛関係を求める傾向）ないしは犯罪性愛（Hybristophilia）（Milner & Dopke 1997）に近接した心性をもっているように見える人がいて驚くことがある。

加害者臨床と犯罪心理学

犯罪心理（学）への関心の高まりを背景に、この一〇年間で、「犯罪心理学」に関する多くの和書が出版されている（大手書店のウェブサイトで検索したところ、少なくとも三四冊が刊行されている）。加害者臨床において、たしかに犯罪心理学は重要な学問領域である。

ただし、実際のところ、加害者臨床の実務家が学ぶ領域は、犯罪心理学以外にも多くある。図1のように、臨床心理学や犯罪心理学といった応用心理学、心理療法諸学派のほかにも、精神医学、犯罪学、法学、社会学、福祉学、教育学などの知識が特に役立つ。また、犯罪心理学は伝統的に、犯罪捜査と司法過程のなかで、エビデンスとなるデータ収集、検証、提示を行なう応用心

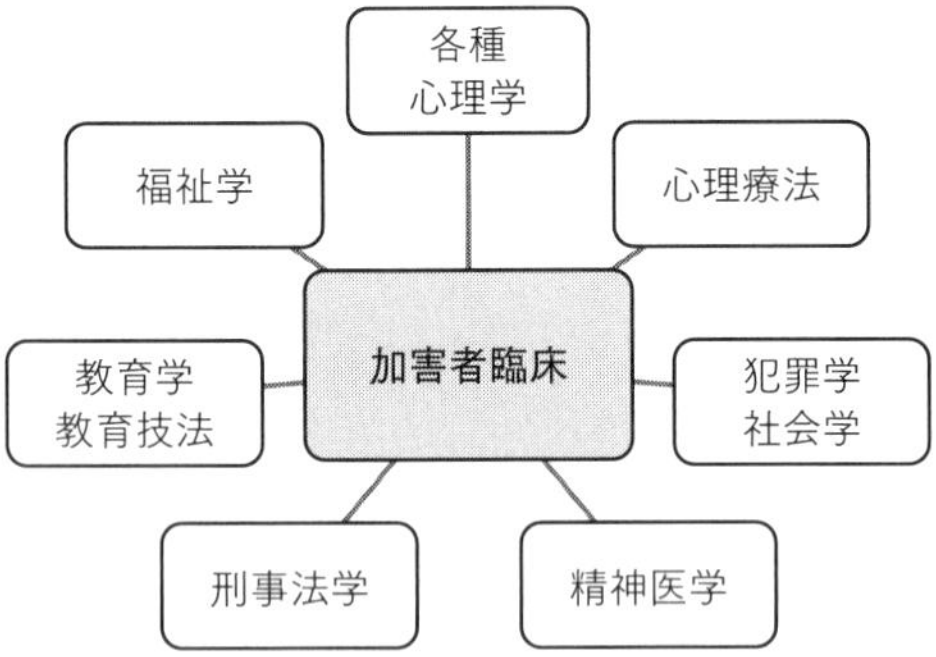

図1　加害者臨床とその周辺

理学とされており、その意味では、非行少年・犯罪者を対象とする心理臨床活動とは必ずしも同一ではないという意見もあるかもしれない。ただし、最近の定義では、非行少年や犯罪者の治療・支援活動も、犯罪心理学のなかに含めて論じられることが多くなっている（Bull et al. 2006）。

図2は、日本における加害者臨床の場について、言い換えれば、非行少年や犯罪者といった対象者がどこに登場するかを示したものである。捜査機関には、捜査・取り調べ、犯罪者の人格像の分析、警官のストレスマネジメントなどに心理学を応用する以外に、「少年相談」と言われる相談活動（保護者への援助を含む）を行なったり、被害者への対応を行なったりする臨床家がいる。司法判断を下す裁判所には、少年審判や家事事件の社会調査を担う家庭裁判所調査官がいる。彼らは必ずしも臨床心理学の専門家ではないが、少年審判、家事事件に係わる心理的援助を

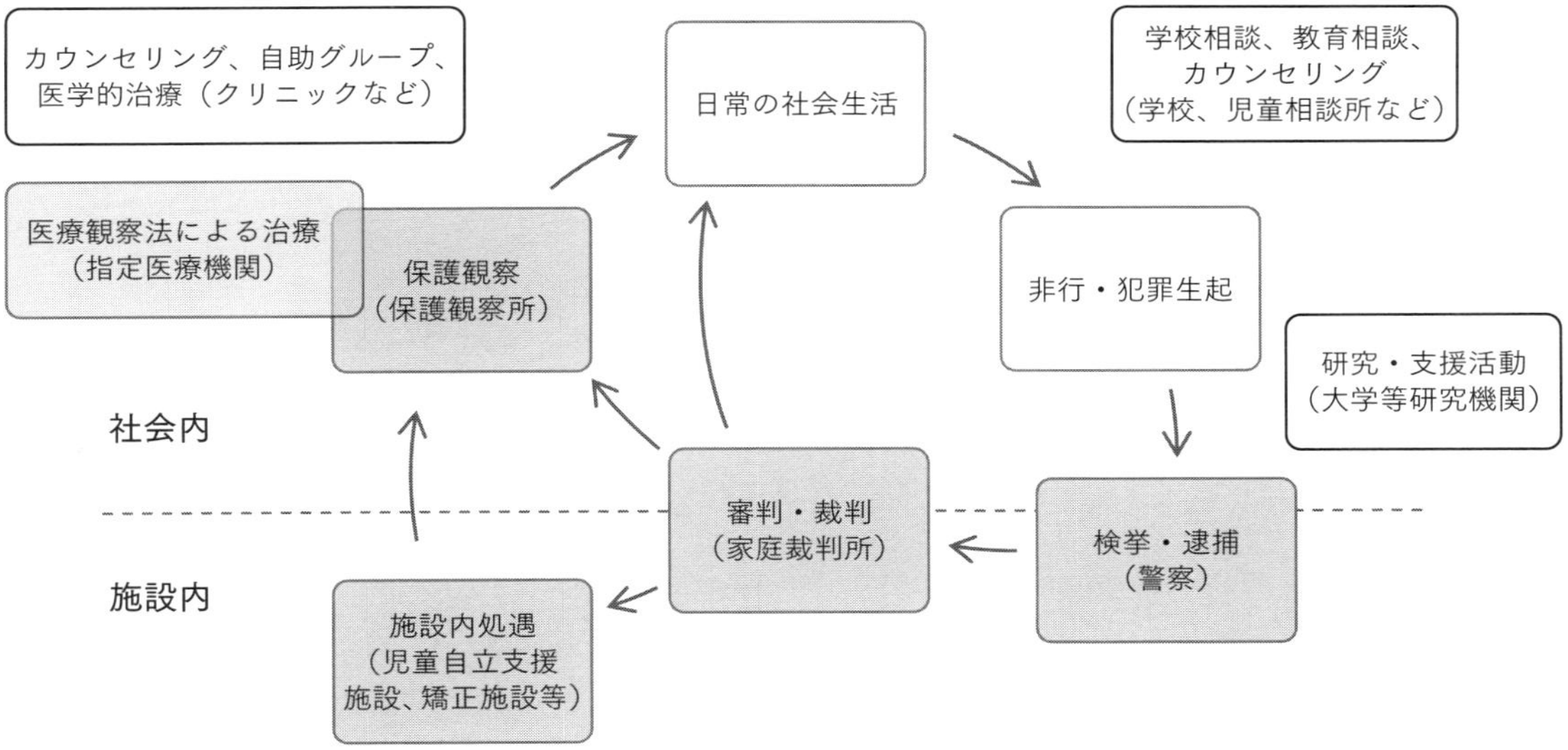

図２　加害者臨床の場

（注１）矢印は、非行少年・犯罪者がたどる司法的経路を示す。／（注２）破線より上は、社会内での臨床活動、破線より下は施設内での臨床活動、破線上にあるものは、いずれの場合もありうることを示す。／（注３）塗りつぶした四角内は法執行に関わる手続、（　　）は心理臨床の専門家がいる機関を示す。／（注４）裁判員制度によるメンタルヘルスサポートは委託機関が行なっているが、非行少年・犯罪者への直接の心理臨床活動ではないため、この図に含めていない。／（注５）この図は非行犯罪臨床の概要を示したもので、すべての選択肢や心理臨床活動を網羅したものではない。／（注６）医療観察法については、厚生労働省および法務省の公式サイトなどを参照されたい（http://www.mhlw.go.jp/stf/seisakunitsuite/bunya/hukushi_kaigo/shougaishahukushi/sinsin/；http://www.moj.go.jp/hogo1/soumu/hogo_hogo11.html）。

行なう。非行少年や犯罪者を受け入れる施設にもいくつか種類がある。刑務所、拘置所、少年院、少年鑑別所といった矯正施設には心理臨床家がおり、入所者の心理的アセスメント、処遇計画の立案のほか、実際のトリートメントや教育的関与も担っている。具体的には、特定の治療プログラムに基づきグループワークを行なったり、個別的・継続的面接などを行なったりしている。保護観察所では保護観察官が、非行少年や有罪となった一部の犯罪者の社会内処遇を担当しているほか、社会復帰調整官は、いわゆる「心身喪失者等医療観察法」による各種の治療・処遇のコーディネーションを行なっている。児童自立支援施設、児童相談所、児童養護施設、大学および研究機関でも、臨床心理学に基づく援助が展開されている。また最近では、民間の医療機関や委託施設にも、加害者臨床の場は広がっている。

加害者臨床の特徴

これらの臨床現場に現われる対象者は、病院、学校、企業といった他の臨床領域のクライエントと、共通点もあるが相違点もある。まず最初に言及すべき違いは、そもそもの出会いが自発的動機によらないことが多い点である。特に、筆者の勤める矯正施設では、ほとんど全員が、言うなれば「いやいや来させられた」人たちである。援助者との治療同盟はおろか、時には最低限の信頼関係をつくろうとする意図すらもたない人たちに、我々臨床家の存在をどうやって認めてもらうかが最初のハードルになる。一切の援助を拒む、肝心なことを隠す、嘘をつく、適当にあしらう、気に入らないとすぐに暴れる、ようやく自己洞察が一歩進んだかと期待すると翌日には所内で規則違反に至るなど、ややもすると臨床家の意欲をくじく場合も多く、彼らとの関わりはたいてい、でこぼこ道である。

また、加害者臨床のもうひとつの特殊性は、サービスの最終受益者が、必ずしも実際に会う非行少年や犯罪者とは限らないことである。とりわけ処分後に彼らを引き受ける公的機関においては、対象者の個人的な幸福や自己実現よりも、まずは「再犯の防止」による「安全な社会」への貢献が至上命題である。つまり、一般市民のため、将来の被害者になりうる人たちのため（将来的な被害者を一人でも減らすため）の仕事ということになる。

非行少年や犯罪者が、社会のなかで地道で平凡な、あるいは幸せな、あるいは多少とも自己実現を果たせるような人生を送るための援助は、少なくとも公的機関においては上述の至上命題を度外視しては成り立たない。ただし、再犯をしなくなれば、必然的に彼らが幸せに暮らせる可能性は広がるだろうという予測的前提において、「再犯の防止」と「彼らの自己成長」という二つの目標は、実質的に密接不可分な関係にある。

加害者臨床の場に現われる対象者のもつ多様性についても触れておきたい。無論、病院臨床でも学校相談でも、クライエントは一人ひとり違うだろう。それぞれに固有の問題や可能性があるという事実に無闇に挑もうというわけではない。ただ、たとえば健康だった人間が次の日に不眠症になることはありえない話ではないものの、そう頻発することではないだろう。明日、統合失調症に罹患するということは、さらに難しいように思える。

しかし、犯罪者になることは、基本的にはいつでも誰にでもできる（その気になりさえすれば）。コンビニへ行ってガムを一枚万引きすればよいし、よその家の敷地内に勝手に入れば即、法律違反である。つまり、非行や犯罪というものは、人の内的特徴を基準として認知されるのではなく、既存の社会規範やルールから外れ、他人の生活を害する行為に至ったという外的事実によって社会から規定される。これを「法の外面性」という（末川 2014）。それゆえ、老若男女を問わず、犯罪者（未成年の場合には非行少年）となる余地は、日々の生活のどこにでもある。知的能力も、学歴・職歴も、精神的健康度も問わず、とにかく法を侵すものに「なる」こと自体は可能なのだ。

さらに言えば、一般的に犯罪者になることとは無縁のように思われている温和な人、慎重な人、まじめな人、経済的に裕福な人も、筆者が勤める矯正施設には、多数派ではないにせよ、「意外に」いるのである。

この臨床領域に興味を抱いて飛び込んで以来、あっという間に二〇余年が経過した。これまで数千人の対象者と出会って、さまざまなケースを一通り経験してきたようにも錯覚するが、現場にいると、いまだに毎日驚きの連続である。不謹慎だが、時折、びっくり箱を開けるときのような感覚も味わう。波乱万丈の彼らの生活歴同様、彼らが犯した非行や犯罪の内容そのものも、こんな小説まがいのエピソードが本当に現実にあったのか……と思いたくなるようなものがあり、行為の背景にある心理もさまざま、彼らのもっているニーズもさまざまである。そして、一部の人は、精神障害、発達障害、身体障害などをもっており、問題が複雑化している。おまけに帰るところがない人も多い。一時的とはいえ社会から拒絶された人々ゆえ、とうの昔に家族や親しい人たちから絶縁されている者も結構いる。臨床家としては何ともやるせない無力感に襲われることもあり、「びっくり」箱（ケース）は時に、「がっくり」箱（ケース）となる。

これらについては、次章以降、徐々に触れていきたいと思うが、彼らに対していかに応答し、いかに対応していくかという点でも、アプローチは多様であり、これも筆者がいつも新鮮な気持ちで仕事に臨める要因となっている。

非行少年・犯罪者は悪か無垢か

さて、筆者はこのような彼らと、主として面接という形で対話し、関わるわけだが、正直なところ、彼らの様子には、「がっくり」どころか「ぐったり」、時には「あんぐり」という場合もある。事件について悪びれずに語る人、反省なんてしていないと豪語する人、被害者のほうにも非があると主張する人、刑期や収容期間を適当にやり過ごすことにしか関心が向いていない人、たまに職員に意地悪をして退屈な拘禁生活に何とか楽しみを見出そうとする人、苦しいなか無理をして自分に差し入れをしてくれる親を単なる「物品配達人」としか見ていない人、露悪的な人、極めて利己的・対人操作的な意図が見え隠れする人などに会うと（厳密を期せば、筆者がそういう印象をもつ人に会うと）、「この人は悪い人だなぁ」という思いが頭をよぎる。さらに、面接のなかで事件の残虐性について扱ったり、裏切り、嘘、暴力だらけの生活についてあっけらかんと語られたりするときには、嫌悪感が湧いてくることもある。

ところが、同じ人たちが、全く違う側面を見せることもある。その清らかさ、素直さ、純粋さは、むしろ巷ではもう見られなくなってしまったようなものであることすら珍しくない。あるいは、さんざん世の中の正論を無視してきたはずの彼らが、多くの人間がすでにその実現をあきらめてしまった正義や道義を強く信じている場合もある。残してきた子どものことを何より大切に思う者、毎日般若心経を一心不乱にノートに書き綴る者、運動中に傷ついた鳥を見つけてどうか介抱してやってほしいと刑務官に頼み込む者など、一般的には極悪人として認知されても仕方がない人たちに、深い人間性を見出すこともしばしばだ。面接中、重要な部分をメモ書きしている筆者を見て、さりげなく書くペースに合わせて話してくれる受刑者と会えば、それについて面接中には何も触れなかったとしても、素直にありがとうと頭を下げたくなる。

この原稿を書いている最中、東日本大震災から三年が経過している。当時、筆者は少年刑務所に勤めていたのだが、多くの若年受刑者が、少ない作業報奨金（受刑者が刑務作業によって得るもので、賃金ではない）のなかから寄付をしただけでなく、できることならボランティアとして被災地へ赴き、がれき撤去を手伝いたいと話していた。筆者が面接を担当していたある受刑者から、「先生、福島の原発へ俺をやってくれ。頭は悪いけど健康だ。言われたことをきっちりやる姿勢は刑務所で身に付けた。だから必ず役に立つ。親も家族もいないから、自分が死んでも特に困る人はいないだろう。社会のいろんな人を不幸にしてきた俺が、こんなときに何もしないなんて世の中に申し訳ない。頼みます！」と真剣に訴えられたことを思い出す。筆者としては、とても複雑な思いで「ありがとう、気持ちは嬉しいよ」としか答えられず、そんな自分を何となく恥じる気持ちになった。

非行少年や犯罪者とは、「悪」なのか「無垢」なのか、そのどちらでもないのか、はたまたどちらでもあるのか、以前も今も、考えつづけている。

*

非行や犯罪に至る人たちの多くは、普通に暮らす一般市民と比して、明らかに異質で特別であるわけではなく、「別世界」の住人でもない。程度の差はあれ、どんな人でも、将来法を犯す行為に至る可能性を秘めている。加害者臨床の場は、そんな人間の多様性に敬意をもつこと（Andrews & Bonta 1998）を抜きにしては始まらない。そして、加害者を対象とする心理臨床現場に身を置く専門家にとって、目の前の非行少年や犯罪者たちは、時に、人生について、人間について教えてくれる「教師」でもあるというのが、筆者の持論である。

こうした彼らを理解するとはどういうことで、彼らと関わるなかで心理臨床家にはどのようなことができるのか、次章以降考えていきたい。

第2章　逸脱の理解——その核心と周辺

逸脱の理解——千紫万紅

抑止のための理解／活性化のための理解

非行や犯罪という事象は、どのように理解できるのか。古代、逸脱行動は「憑き物」のせいなどとされたが、近代以降、合理主義と科学の発展に伴い、たくさんの理論が提唱された。その多くは、非行や犯罪を抑止するという目的を共有している。表1に、代表的な非行・犯罪理論をまとめた。その内容は実にさまざまだが、多くの要因が重畳的に影響した結果として非行や犯罪の発生を見ること、単一の見方に偏らず多面的・統合的な理解をすることが一貫して推奨されている（ダ・アグラほか 2012／Lily et al. 2011／Taft 1956 ほか）。最近は、行動遺伝学、脳科学の知見のほか、犯罪者に見られるいくつかの生理的指標に注目する動きもあり、犯罪生物学と呼ばれる領域も生まれている（たとえば、Raine & Portnoy 2012）。

表1　代表的な非行・犯罪理論

年 代	アプローチ	代表的人物	領　域
～19C	生来性犯罪者説	Lombroso, C.	人類学的／生物学的
	犯罪者になるかどうかは生まれながらに決まっており、犯罪者は外形的・身体的特徴によって識別可能である。		
	環境要因派	Lacassagne, A.	環境論的
	犯罪者は社会的環境によって生み出される。		
19C末～	アノミー理論	Durkheim, E.	社会学的／生態学的
	社会規範のシステム崩壊により宗教・倫理・道徳によって守られていた社会の連帯の弱化が起こると、個人は自由と引き換えに不安定になり、犯罪が起こる。		
1920s～	情動障害論（ヨーロッパ）	Aichhorn, A. ; Friedlander, K.	精神分析的
	養育者の関わり方（厳しいしつけ、拒否や敵意）が「潜在的非行性」を生む。幼少期の人間関係に起因する自我や超自我の発達不全が「反社会的性格」形成の背景にある。		
1930s～	情動障害論（米国）	Healy, W. & Bronner, A.F.	精神分析的
	非行や犯罪は、幼少期の愛情飢餓、劣等感の蓄積などを背景にもつ、満たされない願望や欲求の自発的表現手段である。		
1940s～	アノミー／緊張理論	Merton, R.K.	社会学的
	文化によって承認された目標（成功）とそれを達成するために利用可能な現実の制度的手段との乖離（緊張）が逸脱行動を生む。		
	分化的接触理論	Sutherland, E.H.	社会学的／行動論的
	犯罪は所属する小集団（たとえば家族）内の相互交流のなかで学習される。		
1950s～	分化的同一化理論	Glaser, D.	社会学的
	非行や犯罪は、自分が何らかの価値を見出せる身近な集団、また実在あるいは観念上の犯罪者への同一化の度合いによって惹起される。		
	非行副次文化論	Cohen, A.K.	社会学的
	下層階級の少年たちは社会構造上、はじめからハンディキャップを負っており、中層階級への軽蔑・反発として仲間同士の社会的相互作用を通して非行副次文化を展開する。		
	(安倍理論)	安倍淳吉	社会心理学的
	反社会的態度（準備状態）の形成要因を説明するものとして、準拠集団のもつ価値観の影響などを重視する。犯罪の4つの発生類型を提唱している。		

年 代	アプローチ	代表的人物	領　域
1960s～	ラベリング理論	Becker, H.S.	社会学的
	非行者や犯罪者というレッテル貼りが、人の否定的自己像をつくり、さらに犯罪を生む。		
	漂流理論	Matza, D.	社会学的
	非行少年は、自由と統制、合法的価値体系と非合法的価値体系の間を漂流している。		
	社会的統制理論（社会解体論）	Hirschi, T.	社会学的
	社会との絆が犯罪を抑止し、絆の不全弱化が犯罪を生む。		
	学習理論／社会的学習理論	Eysenck, H.J. ; Bandura, A.	行動論的
	犯罪は社会的モデルを通して成立した賞罰の予測を含む学習の結果である。		
	対人成熟理論	Sullivan, C.E., Grant, J.D. & Grant, M.Q. ; Warren, M.Q.	社会心理学的
	対人コミュニケーションの力、対人関係の認知と成熟度をもとに非行少年・犯罪者を類型化。これにより、処遇技法の適用対象を同定できる。		
1980s～	割れ窓理論	Kelling, G.	環境犯罪学的
	有害環境を除去することで犯罪機会が減れば、人は犯罪に至らなくなる。犯罪原因論から犯罪機会論への転換に道を拓く。		
	ライフコース理論	Sampson, R. & Laub, L. ; Farrington,D	統合主義的／実証主義的
	非行や犯罪は、一元的・一時的な視点からではなく、当事者が体験するさまざまなライフイベント、人生の過程という視点で縦断的に理解していくべきである。		
1990s～	一般緊張理論	Agnew, R.	犯罪学的
	非行や犯罪の理解には、社会構造のみではなく、他者とのネガティブな関係性など、個々の主観的生活に根差す、より広範囲の「緊張」状態を想定する必要がある。		
	発達類型論	Moffitt, T.E. ; Caspi,A.	発達心理学的
	犯罪行動を思春期限定型と生涯持続型に分類し、前者を状況依存的なもの、後者を生来的気質に依存的なものと考える。常習犯罪者には遺伝的・器質的問題を想定している。		

（注）各論の詳細については巻末の参考文献を参照されたい。

一方、非行少年や犯罪者と呼ばれる人は、どのようにして理解されうるのだろうか。加害者臨床の専門家は、法を逸脱した「個人」と出会い、彼の人生が適応的に変化することを目指して関わる。より具体的に言えば、彼らが社会にとっての迷惑者となる代わりに、社会と調和的に生きていけるように変化することを目指して、彼らの気づきと内的資源を活性化しようとする。そして、この活性化に向けて、今回の事件が何だったのか、今どのような困難を経験しているのか、その人の抱える背景は何かなどについて対話し、彼らを理解するための個別的な関わりを展開する。

本章では、このような加害者臨床における「理解」にまつわる問題について考えていく。

落ち着くための理解

ところで、理解への努力には、特定の非行少年や犯罪者に対する認知的不協和を解消するためのものもある。凶悪な犯罪やショッキングな少年事件が起こるたび、週刊誌やニュースではこうした試みが数多くなされる。多くの人は、自分の人間観からは理解しがたい出来事に新たな解釈枠を与えて、心の収まりをよくしたいと欲する。これに応えるようにマスコミが伝えるストーリーは、たいていの場合、感心するほどわかりやすい。

しかし、実際のところ、生身の人間の事件や人生はそう単純とは限らない。また、そうした「取材」による理解が、その非行少年や犯罪者当人にどう受け止められるかは、非常に微妙な問題である。これまで筆者は、自分の起こした事件がマスコミに取り上げられたが、その報道内容（事実よりも事件の経緯や本人の思い）が実際と全く異なると憤る非行少年や受刑者に会うことがあった。熱心に訴えられてもこちらは何もできないので苦笑してしまうのだが、「だったら、はじめから（事件を）しなければよかったのに」と言い返すと、たいてい苦笑が向こうに移っていく。そして、以後は、報道に納得できないということの事態を彼らがどう理解し、自分のなかに収めるかを、二人の間で話し合うようになったことを思い出す。彼らも、「理解」することで落ち着きを取り戻すのである。

ヒューマニズムという落とし穴

対人援助職を選ぶ多くの専門家はヒューマニズムを信じ、実践しようとする（と想定される）。ここでのリスクは、自分がそうした信条と善意をもって関わる相手も、基本的に（あるいは本来は）、自分と同じ心性をもっていると期待しすぎることかもしれない。

加害者臨床領域に限らず、時々事例検討会などに出ると、臨床家の見立てや関わりが善良すぎるのではないかという印象を抱くことがある。筆者の場合、クライエントの語りが矛盾を多くはらんでいたり、リアリティが乏しかったりするように感じると、クライエントの話に一部意図的（あるいは半意図的）な歪曲や創作が入っているのではないかと疑ってしまうからである。疑ってかかるというのは筆者たち司法・犯罪心理学を実践する者の「職業病」なのだが、人間はたとえ健康な状態であっても、善意だけの存在とは限らないというのは、おそらく真実だろう。現実の人間は、深い内省を経ても、重大な真理を手に入れても、チャールズ・ディケンズ『クリスマス・キャロル』の「スクルージ」になるとは限らず、クライエント側からの情報に事実とは違うことが含まれていても不思議ではない。

前章で触れたが、人間は、嘘をつき、裏切り、変化を面倒くさがり、他者に意地悪もする。ところが、こうした悪意、怠慢、毒気は、他者を援助しようとする者のもつ前提（人間観）を揺るがしかねず、不安にさせるため、正面切って取り上げることは時に難しく、それゆえ臨床家に無視されてしまうこともある。しかしこの事態は残念なことでもある。なぜなら、相手の悪意に嫌悪感を抱いた瞬間は、まさしく相手の思いを自分が察知できているわけで、二人の間のやりとりが一歩深く進んでいることを示す瞬間とも言えるからである。

二つのアプローチ

ストローク理論

筆者は、ＴＡ（Transactional Analysis／交流分析）の訓練を長く受けてきた。この体系のなかの多くの理論や技法は加害者臨床でも用いられているが、なかでも「ストローク理論」は使い勝手がよい。相手を理解するだけでなく、その理解を相手に伝えて共有するのにも有効である。

表2　八種類のストロークとその典型例

		条件つき	無条件
肯定的	言語的	礼や謝辞を述べる、表彰状の文言 謝罪の言葉を伝える	「そのままのあなたが好き」 「私のかわいい子」
	非言語的	昇進、優勝カップ 挨拶代わりのジェスチャー	親密な関係における抱擁 母親が家族に食事を作ること
否定的	言語的	批判・非難、嫌味、叱責	「死ね」「お前なんか生まなければよかった」
	非言語的	法的制裁、トラブルによる暴力	児童虐待、一部の紛争

ストローク（strokes）はエリック・バーンの用語で、「存在認知の一単位」とされる（Stewart & Joines 1987）。平たく言えば、「私はあなたがそこにいることを知っている」というメッセージのすべてを指す。受け取る側が、そのメッセージを嬉しいと感じるか不快と感じるかによって、肯定的ストロークと否定的ストロークに分類できる。また、たとえば「仕事ができるから」「親のカウンセラー役である限り」という条件が付いて与えられるストロークと、存在そのものに与えられる無条件のストロークがある。これらは、言語・非言語いずれの手段でも伝えられる（表2）。2×2×2の八タイプのストロークは、一義的にどれが良い／悪いということはなく、時と場合により必要度は変わりうる。

人は誕生の瞬間から、数えきれないほどの対人相互作用のなかで育つ。そして成長には、良質で十分な量のストロークが欠かせない。ストロークは、人の情緒や認知、自己概念の形成、動機づけ、コミュニケーションなどの発達を考えるうえで、きわめて重要である。単にどのようなストロークを交わしてきたかという歴史的分析だけでなく、ストロークする方法をどんなふうに身につけてきたか、どんなときにどのようなストロークを意識の内あるいは外で期待して他者と関わるかを見ていくことは、非行少年や犯罪者自身を、そして彼らが起こした事件を理解することに役立つ。

ストロークの交換の性質は一人ひとりに固有であり、ある意味で、その人の一生涯の適応をも左右しうる。別の言い方をすれば、社会のなかで人がうまく生きられないでいるとき、ストロークの交換不全とも言える事態が起こっていると考えられる。たとえば、ストロークの量が足りない、過多である、質が好ましくない、あるいは、ストロークの交換はあるが「チャンネル」がずれているという場合である。暴走族が毎夜バイクを空ぶかししながら公道を走るのは、肯定的ストロークが周囲からもらえなくなったゆえのストローク希求行動であるかもしれない。あるいは、虐待被害を背景に粗暴行為を繰り返す少年、家庭内暴力の加害者である夫を殺めた女性は、支配と搾取に満ちたストロークしかない状況を、暴力的な方法で、しかし自発的に変えようと試みたと表現できるのかもしれない。ストーカー行為は、欲しいストロークが特定の相手から得られなくなったゆえに、憤怒による否定的ストロークに歯止めがかからなくなっているパターンが多い。また、一部の性犯罪者には求愛行動のゆがみが見られる（Freund et al. 1997）という立場からすれば、対象に接近して、身体的・性愛的なストロークを得たいという欲求が、著しく利己的で即物的な手段選択につながった結果、性犯罪に至ったと考えられる場合もあるだろう。もっと身近な例で言えば、職場のセクハラですら、性的なニュアンスをもって異性の同僚と関わりをもとう（ストロークのやりとりをしよう）という「好意のつもり」が、相手からすればまるで場違いで失礼なチャンネルを通じたストロークだったことになる。このように、ストロークの交換不全という視点で非行や犯罪を理解しようとすると、非行少年や犯罪者たちの人生の質感が見えてくる。

それゆえ、加害者臨床における我々の関わりは、まさしくストロークの健康な交換の練習となりうる。彼らが自分の現状を相互尊重の雰囲気のなかで言葉にすること、事件と事実について論理立てて話すことは、自分のことをまだ十分に知らない相手（臨床家）の理解を助けるという意味で、重要なストローク提供行為となる。逆に、それまでの自分の人生について聞いてもらう、さらに相手の理解の程度についてフィードバックしてもらうことは、莫大なストロークを受ける体験となる。このプロセスのなかで、本人たちが慣れ親しんできたストロークは何かを知り、そして、より健康に生きるために必要なストロークの交換はどのようなものか、好ましいストローク交換の成立にはどのような条件が必要か、どこに慢性的な不具合があるのか、どのようなチャンネルであれば害のないストロークになるのかを、非行少年や犯罪者も、そして彼らに関わる臨床家も理解していくのである。

脚本の理解

非行や犯罪の直接の動機が何であろうと、その人が法を犯す行動に至った背景には、その人なりの自己感や他者感、そして世界観（以下、「自他感・世界観」という）が関係している。生まれた瞬間から、我々は五感を通して外界を経験するようになる。乳児は、ベビーベッドからの観察、大人からの触れられ方、授乳や排泄の世話を通して、自他や世界への理解を始める。この理解は言語を要しない。無意識というより非意識の世界である。やがて特定の人物を弁別できるようになり、外側の事象と内面の喜びや苦痛を関連づけて理解できるようになるなかで、「私」あるいは「他者」とはどのような存在で、この世界はどのようなところかというイメージを徐々につくりあげていく。その後、言語の獲得も手伝って、複雑になっていく人間関係を通して、この自他感・世界観は加除修正が施されつつ、強固に巧妙に構築されていく。後には、この主観的妥当性を確認するかのように、さまざまな行動が選択されることになる。バーンはこれを「脚本（本人に意識されていない人生計画）」や「人生の立場」という概念で説明し、ストロロウ（Stolorow et al. 1987）は「オーガナイジング・プリンシプル」、ベック（Freeman 2005）は「スキーマ」と呼んだ（Berne 1961, 1966）。

人が非行に走ったり、犯罪を起こしたりするとき、この脚本はしばしば重要な役割を果たしている。また、法を犯した後に、当人が自分の非行や犯罪をどう自分の人生に位置づけ、意味を付与するかという点でも、脚本はきわめて強烈な力を発揮する。「運も人も味方しない、頼れるのは自分だけ、しかし自分には何ら価値を見出せない」という自他感・世界観をもっている人は、このテーマに沿った形で破壊的な非行や犯罪に至るだろう。「自分が周囲よりも特別で好ましい存在であり、困ったときにはきっと助けてもらえて、人生は悪いようにはならないはずだ」という自他感・世界観をもっている人も、その甘えや楽観主義が反映された事件を起こしやすい。本人のもつ自他感・世界観は、彼らの語りから、また臨床家とのやりとりから顕わになってくる。時には、彼らが認めようとしない非行事実や起訴事実、施設での面会や手紙の相手となる家族の様子も、彼らの自他感・世界観を浮き彫りにすることがある。こうしたさまざまな情報を取り込みながら、「理解」は進んでいく。

記述をめぐる内省

理解について、少し違う観点から考えたい。

理解することは、これを記述することと密接につながる。少なくとも司法過程のなかにある公的機関では、「理解」のプロセスのなかで多くの時間を記述に費やす。臨床的な出会いも、詳細に文字で公的記録として残される。そうすることが、本人や関係者（家族や被害者、処遇する専門家など）を直接・間接に守り、適正な法執行を可能にすると考えられているからである。

筆者が勤める矯正施設では、入所と同時に詳細な見立てのプロセスが始まる。身体状況、生活歴、家族歴、非行・犯罪歴、知的・身体的・社会的能力、人格像、過去の施設内適応などを詳細に調べ、分析し、そして記述する。各種の文書は統一的な様式が定められており、これらの文書を一人前に作る能力を身に付けるために、トレイニーたちは、朝から晩まで多くの訓練を必要とする。

自分も経験してきたこの努力について振り返ると、筆者は、一時だが物憂い気持ちになることを免れない。記述に用いられる言語というシステムは、あくまで象徴であり、記述する文字も象徴である。今筆者の目前にある花の美しさをいかに記述しようとも、それは筆者が体験し知っている美しさをそっくりそのままには表現できない。これと同様に、筆者が出会う非行少年や受刑者、また、彼らの起こした事件をいかに表現しようとしても、その存在と事象を、臨床的な意味において「そのままに」表現することはできない。さらに、心理臨床的な援助を目的としている場合、その記述が正しいか否かという判断は、本来、記述された本人抜きには行なえないにもかかわらず、それらの文書の多くは、本人宛てに書かれているわけではない。仮に本人が記述を読んで「正しい」「正しくない」と言ったとして、その認識の正否について判断することは、やはりきわめて困難なことのようにも思えてくる。こう考えると、法を犯した特定の人に対する理解を一人の人間が記述するという大それた試みは、妄挙に近いのではないかという否定的な考えも浮かんでくる。

しかし、そうした思考は、臨床業務に携わる筆者自身が、彼らへの理解と記述をめぐる己の傲慢さ（「専門家は正しい理解を提供できる」）や勘違い（「私は正しい理解をしている」）について内省する道を拓く。あれこれ思いを巡らせた結果、筆者はこの問題について、目下のところこう考えることにしている。非行少年や犯罪者について記述された記録や文書は、とにかくその人が存在するという証であり、人が（時には、国の司法機関・行政機関という大きなもの）が彼らに関わったというストロークの証である。記録は同時に、彼らとこれから出会う人々が、彼らとつながる（ストロークの交換をする）ための直接・間接の装置ともなりうる。だとすれば、我々の努力は、その記述や理解にまつわる「不完全さ」や与えられた時間的な制約を覚悟しつつ、この記述が潜在的にもつ力を省察し、自分の内にある誠意をかき集めて書くことに在る。「彼らの存在を認める」という臨床家としての責任は、書き手である臨床家の達成動機の充足よりも重要に違いない。これは、臨床の「義」（樽味 2006）という考え方に通じる問題である。

理解の提供と共有

記述されたものであれ、記述されないものであれ、非行少年や犯罪者に対する臨床家の「理解」は、彼らが非行や犯罪なしに生活していくために生かされなければならない。その意味で、非行少年や犯罪者に、こちらの理解をどのように提供し、どう共有できるかということは、とりわけ重大な問題である。

対象者の健康度が高い場合、理解を提供するだけでも、事態が解決に向かって動き出すことがある。以前、少年鑑別所の外来相談に、ある父子が来談したことがある。面接を申し込んだのは父親で、高校生の息子の放蕩ぶりが度を越しており、不良と付き合っている、どうにかしてほしいという主訴であった。一方、息子のほうは、父親の過干渉と過保護に怒り心頭で、あんな親の言うことは一切聞けるものかと平行線であった。息子の面接を担当した筆者は、彼の発言から理解できることを手短にフィードバックしていくこととした。たとえば、「そうすると、お父さんが注意するのは決まって○○というときだということかしら？」といった具合に。ひとしきり聞いてから、「あなたはお父さんに放っておいてほしいと言いながら、やっていることはお父さんが放っておけなくなることばかりだという私の理解は正しいですか？」と尋ねた。彼は、一瞬動きを止めて、「マジで？」と言ったきり、しばし沈黙していたが、その後、父親の目線で事態を眺め出し、最後の五分は、父親を安心させながら自己主張する工夫（例――行き先をメモに残して外出するなど）を考え、面接は終了した。後日父親から、相談の必要がなくなった、しばらく息子を見守りたいという電話があって、来談は一度で終わった。

他方、より深い関わりが必要な場合もある。ＴＡでいうところの脚本が深く関与している場合には、時間をかけて対話を重ねていくことになる。そこでは、二人の関係性を通して、非行や犯罪に至った彼の自他感・世界観、そして自分の犯した非行や犯罪の重大性を発見する作業が進められる。さらに、その先には、彼らが今までもたなかった他者の視点を獲得し、自分の非行・犯罪を、自分の人生にどう位置づけるかというテーマに取り組む局面もやってくる。これは大変エキサイティングなプロセスと言えるが、この詳細については第４・５章で詳しく論じることとしたい。

＊

加害者臨床において、非行少年や犯罪者と言われる人たちをすっかり理解することは、至難の業である。しかし、理解に近づこうとする努力は、しばしば相手を変化へといざなう。否、より厳密に言えば、関わろうとする専門家と非行少年・犯罪者の双方による「理解」が、変化への過程を促進する要素となりうる。互いの主観が混じり合い、共有する世界の重なりを広げながら、彼らの非行や犯罪、そして彼らの人生を見ていくことは、疑いなく「今ここ」の出会いであり、「一回性の出来事」である。

第3章　適応と不適応

適応と不適応の区別

ラットからの学び

学生の頃、基礎心理学の講座が比較的多い大学に学んでいた。基礎心理学の教授の理知的で温かい「人間理解」の姿勢がとても魅力的だった。学習心理学の授業だったと思う。シャトルボックスを使ったラットの実験で、条件刺激としてのブザーが鳴ると、本来、条件反応として隣のボックスにラットが移動する「べき」ところ、稀に壁や床にある金属格子の微妙なつかみ具合による独創的なポーズを考案して電撃を免れ、回避学習を成立させるラットがいるというエピソードが、雑談めいた話のなかで教授から紹介された。能動的に行動して感電という危機を脱するそのラットの行動は、たしかに学習の成果であり、「生物が環境に合うように自らの身体や行動を変容させること」（中島ほか 1999）と定義される適応以外の何物でもない。考えようによっては、隣のボックスへ移動するより移動距離は節約できているわけで、より高度な適応とすら言える。さて、君たちが普段「適応」と呼ぶものは、正しい定義によってとらえられた事象であろうか……などという授業内容であった。後半部分の記憶は筆者の創作によるところが大きいが、本章では、以来ずっと筆者のなかでひとつのテーマとなっている「適応」と「不適応」について考える。

外的要請との適合

さて、その「稀な」ラットは見事な適応を遂げたわけだが、上述の授業では、研究者としてはいささか困ってしまうという教授のぼやきも聞かれた。ラットの学習は想定されている行動変容ではないため、たしかに適応的と言えても、論文を書く研究者としては、データの処理に困るというジレンマだった。

人間社会における適応と不適応にも、このエピソードとの共通性がある。社会に生きる人間の適応とは、他者と調和し、社会的相互作用ないしは関係に関わる能力や働きのことを指す（APA 2007）。つまり、個人の安定、幸福、成長の実現よりも、まず周囲の要請や制約に沿ったものである必要がある。この条件を満たさないものは、通常、適応していない（不適応）とみなされる。

ある非行少年は、両親の離婚で父親と生別し、また、これまで注目されていた少年サッカーで伸び悩んでから生活意欲を失っていた。さらに母親に新しい恋人ができると一気に生活を崩し、あっという間に地元で有名な不良になってしまった。スポーツで生かされていた彼の負けん気の強さは「気合いが入っている」などと仲間に評価され、しかも体（腕）力的に優れていたためである。外向的な性格も歓迎された。少年鑑別所に入ることは、当時の彼にとって、それだけ大きなことをやってのけたことを証明したという意味合いが強かった。また、ある受刑者は、不景気から事業に失敗したが、自分を信じている家族をがっかりさせたくないという思いからその事実を打ち明けられず、生活を維持するため、ついに詐欺をはたらいて刑務所に来た。「あのときは、家族を失うことが何より恐ろしかった。犯罪に手を染めれば結果的に同じことになる（家族に捨てられる）とわかっていたはずなのに」と語っていた。いずれも、状況と自分の内面のニーズが不調和な状態にあって、自らの行動を変容させることで不調和の是正を試みたという面では、たしかに適応の定義にかなっている。これは「不適応（適応していない）」ではなく、社会の期待や要請をないがしろにした「外的要請に合わない適応」と表現するほうが妥当かもしれない。

適応の含意

適応には、いろいろな意味がある。筆者は適応を四つの側面からとらえることが可能だと考える（図3）。

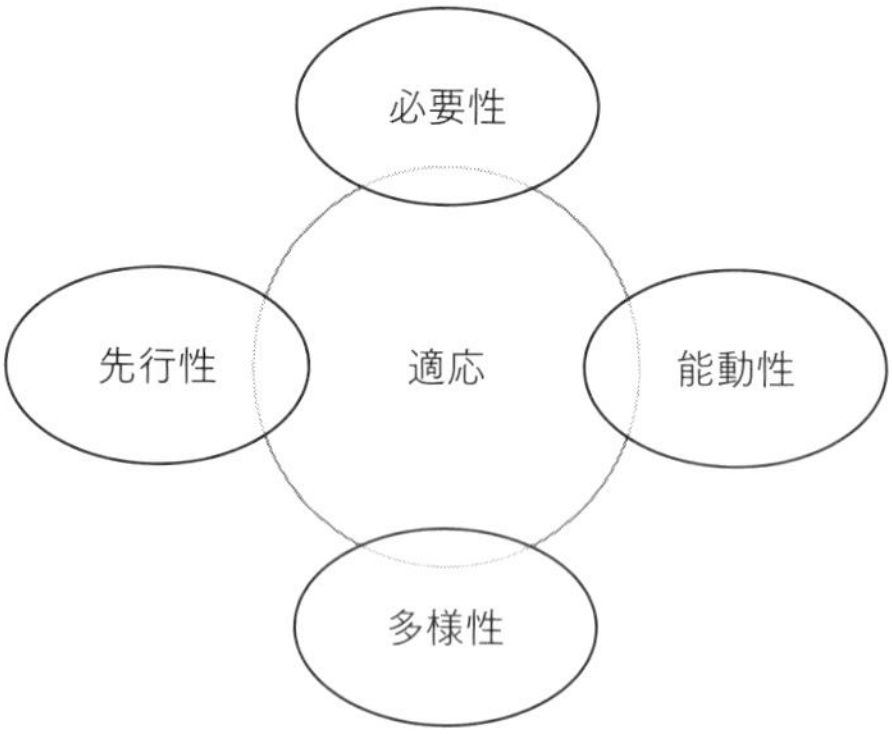

図3　適応の含意

適応は生き延びるための必要から生じる赤ん坊にとってのアタッチメント形成は、サバイバル手段である。ジェイコブス（Jacobs 2005）によれば、子どもは親の情動的状態を読み取り、それに反応する高い能力を生来的に有しており、アタッチメント形成はこの力を借りて成立する。人間は発達のごく早期から、生存のために適応力を発揮するのである。

前章で、ＴＡ（Transactional Analysis／交流分析）の「脚本」という概念について紹介した。人間は生まれて以来、自分の内面で、また自分の周囲で起きることを刻々と体験するなかで、自分や他者、世界について一定のイメージを生成し、これに影響を受けながら、いわば「自分が生きていく人生の筋書き」をもつようになる。

たとえば、幼い頃から親に殴られて育った子は、自分の存在を肯定できず、相手の動作や表情の変化に敏感で、人間とは互いに傷つけ合うものだとイメージするだろう。長じれば、殴られる前に家出をし、他者を操作するために腕力を誇示するようになるかもしれない。また、殴られたときの痛みを価値下げし、「どうってことない」と放置するほうが、痛みを感じるよりもはるかに楽に生きられることを覚えていくかもしれない。加害者臨床の現場では、こうしたケースにしばしば出会う。暴力に対する態度や価値観、あるいは殺伐とした情緒的世界は、彼らの適応の産物であり、彼らの粗暴性は、一種のサバイバル方略であると見ることができる。周囲からすればそれがいかに不適切で迷惑なものであろうと、彼らの生きてきた人生の文脈においては、家出、けんか、傷の放置は、はなはだ自然で彼らの内的体験と調和している。バーン（Berne 1961）は、こうした「生きざま」の起源が、人の幼少期以来の経験と反応と適応にあるとし、盗みや人殺し、刑務所や精神科病棟に入ることも、当人のもつ脚本と関連している可能性が高いと考えた。

適応は意識や自覚に先んじて始まる

ヒトの脳の重要な機能のひとつは、予測することである。我々は、日常の瞬間ごとに相当量の情報を処理し、これまでの経験から、次の瞬間に起こることを予測して動く。稲妻が光った次の瞬間から体が雷鳴に備えるのも、野球の外野手がボールの落下点に移動してフライをキャッチできるのも、この脳の働きのおかげである。人間が社会的場面でどのように対処するのかも同様で、ある対人場面でのある行動は、経験の集積から何かが予測された結果生じる。この「読み」は、意図して行なわれるというよりも、非意識的ないし前意識的で、暗黙のうちに、いわば自動的に行なわれる。我々の内面では、意識や自覚を伴う前に、すでに情動反応が起きており、素早く対処行動が発動されることもわかっている（Damasio 1999／Pally 2005）。

この予測の機能は、個人内の非言語的な自己感、他者感、そして世界観（第2章参照）をつくる装置となり、後にこの自己感、他者感、世界観が、人間関係のなかで生きていくための「予測マップ」として作用するようになる。このようにすれば親が喜ぶ、これをしない限り捨てられない、この場面は怒りを顕わにしたほうがよい、泣けば相手に自分の意図が伝わるといった高度な判断もできるようになる。パリー（Pally 2005）によれば、「脳は、ヒトの相互交流を、実際の出来事というよりむしろ暗黙の予測に合わせてオーガナイズする」（p.218）のである。

加害者臨床において、こうした視点はきわめて重要である。なぜなら、迷惑で非合理で自他を苦しめるだけに見える逸脱行動の背景に、年月をかけて構築してきた予測マップや脚本を想定できるからである。たしかにいずれは修正の必要がある行動でも、その行動の成り立ちや意味まで全否定する必要がなくなる。

さらに、脳内のこうした予測プロセシングは、ある程度の安定性を保ちつつ、経験を重ねることにより日々アップデートされうる。たとえば、非行少年や受刑者は、臨床家とのやりとりを通して、新しい経験を蓄積し、自分の予測マップ（例——「こいつは俺に敵意をもっている→だから殴る」）に新たな拡張パターンを追加することが可能となる。筆者が少年鑑別所で働きはじめた頃、突然暴力事件に至ったあるひきこもりの少年に、（なぜ外に出て行かないのかではなく）自宅にいることの何が楽しいのか根掘り葉掘り聞いたことがあった。彼は当初答えるのを嫌がっていたが、ぽつりと「あんた、こんなところに勤めているのに変な人だな」と言った。彼のなかでは、「こんなところの大人」は人の話に関心がないというイメージが強かったようである。次の瞬間、彼は突然「あっはっは！」と大笑いを始めた。当時の筆者にとっては、否定的なことを言われたのになぜか雰囲気は和やかで、さほど嫌な感じはしないという不思議なエピソードだったのだが、今思い起こすと、未熟な、しかし懸命さは伝わる面接が、相手の予測マップを少しだけ変化させることができた例かもしれないと考える。

適応は能動的行為である

適応のもうひとつ重要な局面は、主体がその行動を選択するということである。非行少年や犯罪者は、往々にして我慢が利かず、冷静な思考が足りないなど、「不足」に焦点を当てて表現されやすい。たしかに何らかの能力、トレランスが低かったとしても、最終的に殴ったり盗んだりする行動に出ているのは、彼ら自身であり、誰かほかの人のせいではない。

また、上述のような資質の不足には、何か剥奪的、外傷的な環境要因があると説明されることがある。法を犯す行為に駆り立てられるからには、何かやむにやまれぬ事情があったに違いないというように。たとえば、生育環境が悪かったのではないか、親の愛情に恵まれなかったのではないかといった仮説は、比較的よく受け入れられる。

実際、多くの研究や調査報告が、非行少年や犯罪者は、貧困、親との離別、教育機会の剥奪、虐待被害、精神疾患の親の存在といった負因を有し、恵まれない環境の下で育っていると指摘している。とりわけ子どもの場合、その傾向が強い（例——Briere 1992／Gil 1988／橋本 2004／法務総合研究所 2002, 2003／犬塚ほか 2005／Murakami 2012／吉永 2007）。

こうした知見は貴重なものだが、ひとたび解釈を間違えると、非行少年や犯罪者が、何かを剥奪され、自分の力で正しい道を選択することができない可哀そうな存在であるという同情的認知を誘発しかねない。非行少年や犯罪者を無力化することは、彼らを憎悪の対象とは見ない代わりに、自分たちより「低く」「弱い」存在に置こうとする態度につながっている。しかし、船で寝ている間に隣国の岸に着いて不法入国になってしまったなどの特異な事例は別として、法を逸脱する行為には、最終的に本人の意思と決断が関係している。非行や犯罪に至りやすい傾性を獲得するに至った要因は、時に彼らの選択の結果ではないかもしれないが、非行や犯罪に至った事実への責任は、彼ら自身にある。行為の主体としての責任を割り引いてしまうことは、自分で未来を選び、行動を変えるという、彼らの潜在力を信じずに援助を提供することになりかねない。

非行少年や受刑者自身も、「ああなったのは仕方がない」「よく考えないでやってしまった」などとしばしば言う。こうした主体性を値引く姿勢を、臨床家はあからさまに否定せず（時には真向から否定することが効果的な事例もあるが）、しかし同意もせず、どのあたりが仕方がないと「表現」できるのか、よく考える代わりに何を「思って」いたのかについて、共になぞって探り出していくよう彼らを誘うことが望まれる。

また、非行が一種の適応だとすれば、その適応が彼らのなかで最適化された要因があったはずである。最初に挙げた非行少年で言えば、負けん気の強さであり、人なつっこさであり、詐欺の受刑者の例では、人を言葉ひとつで信じ込ませる力である。これらは、彼らの資質である。さまざまな「不足」「欠乏」がある一方で、非行少年や犯罪者には、向社会的に使いうる長所や特性があることに注目すれば（Agnew 1990）、我々はもっと深く彼らを理解することができる。

適応はユニークで多様である

非行・犯罪に関する理論やさまざまな研究結果に明るいことは、臨床家にとって重要である。これらによって我々は、考える枠組みをもつことができ、理解を共有する共通言語をもつことができる。

しかし、人の適応は、ラット同様、あくまでユニークなもので、実際に観察される行動のバラエティは豊かである。たとえば八割の者がX↓Y（例――電撃を予期して隣のボックスに移動する）という認知や行動の図式をたどるとしても、筆者が明日出会う受刑者は残る二割の範囲にいるかもしれない。否、X↓ZにもX↓Wにもなることを想定して会いたい。類まれなラットの存在に興味を抱くように、社会的要請に合わない適応にもそれなりの意味を見つける努力が有意義だと感じられるか――これが、この臨床領域における専門家のひとつのコンピテンスと言えるかもしれない。一見無駄でばかげていて、時に破壊的な行為でも、それは本人がかつてピンチに陥った際に編み出した適応であり、その適応は固有な学びによるものだ。この個別性を尊重しつつ、非行や犯罪をとらえていくことが、加害者臨床の基底をなすと考える。

支援の現場に現われる適応

施設での適応

筆者が勤める矯正施設は、拘禁施設である。ここに収容される者たちは、もうひとつの適応、すなわち施設適応を迫られることになる。

一部の累犯者は別として、多くの場合、社会からの隔離は、喪失、分離、孤立の体験となる。精神的動揺が大きくなり、抑うつとともに警戒心が高まる。ある者は底つき体験をし、ある者は現実を認められず否認しつづける。しかし多くの者が、やがて場に慣れ、与えられた課題や刑務作業に取り組むようになる。また、他人を知り、自分を知り、人生について他者と語り合えるようになる。これも、彼らの適応である。こうした適応には、人（具体的には拘禁中も連絡が取れる親しい人や司法関係者）との関わりと、関わる双方の間にある一定の誠実さが、重要な役割を果たす。

ただし適応は、つねに人間の「善」からのみ生まれるものでもないらしい。未成年で大きな事件をいくつも起こして懲役刑となったある受刑者は、出所前、長期に及んだ受刑期間における自身の変化の過程を話してくれた。彼の表現は至ってシンプルで、「猫を被ってたらホントに猫になってしまいました」というものだった。筆者が言葉を補って解説すると、彼は最初、「自分をこんなところに入れやがった」奴らを絶対許さないという不満と怒りに支配され、処遇スタッフ（刑務所職員）に迎合などするものかと考えていたという。抵抗の一表現として、処遇する側を欺くため表面を装っていたのだが、そうこうするうちに、そうした「偽りの生活」が「軌道に乗ってしまう」ことになった。周りから一目置かれ、やりがいのある刑務作業を割り振られるなど、事実上の得が大きくなった。すると今まで気づかなかったことが見えてくるようになった。たとえば、自他の行動のどこが「馬鹿」でどこが「賢い」のか区別がつく。自分は今までどう生きてきたのだろうなどという問いも内側から生まれてくる。気づいたら、規則を破らない自分、人を傷つけない自分も悪くないと思えるようになったのだという。彼は、そんなまどろっこしい説明の代わりに、「ホントに猫になってしまいました」と言い表わしたのだが、筆者も彼の表現を大変気に入り、二人でその意味合いを言葉少なに味わったのだった。筆者は、彼の頭に鍾乳石のように少しずつ猫の耳ができてくるところを想像しながら、出所後の生活にエールを送った。

説明するための適応

司法手続きの過程では、非行少年や犯罪者はさまざまに問い質される。起こした事件について、「なぜ」「どうして」と問われる。家族ばかりか、多様な職種の人からも繰り返し聞かれる。このストレスに、彼らはどう適応するのだろうか。

理由を聞かれれば何かしら答えねばならないので、彼らは試行錯誤して、答え方を学習する。「出来心だった」「頭が真っ白になっていた」「ストレスが高かった」「意思が弱かった」などという説明がよく聞かれる。しかし、これは彼らの洞察ではなく、こうすれば相手が納得するという予測の産物であり、同時に「もうこれ以上聞かないでくれ」という裏のメッセージを暗に示していることが多い。

実際のところ、自分が事件に至った理由について、はじめからすらすらと言語化できる者はほとんどいない。むしろ、流暢に語られる内容のほうが真実味に欠けることも少なくない。そもそもはじめから言語で説明できるのであれば、きっと犯罪や非行には至らなかっただろうと思えるケースは非常に多い。

あるいは、自分の非行や犯罪を根拠に、自分の人格を規定しようとする者もいる。薬物に手を出した自分は生まれながらの犯罪者だとか、女性に対する性犯罪に至ったのだから自分は女性に敵意がある、それが犯罪の原因だ（あるいは性欲が強すぎる異常者だ）というように。この逆説的で無理のある因果律の説明は、逮捕後に身に付けた適応の産物である可能性が高いが、同時にT

Aでいう脚本を示していることも多い。彼らが語るストーリーが内省や洞察から生じたものなのか、彼の脚本から生まれたものなのか、我々はよく見ていく必要がある。後者の語りを面接者が安易に肯定してしまうと、ゆがんだ信条に色づけされたメガネをかけて自分の事件や人生を定義することが正当化されてしまう。

自分にも社会にも適応的な人生を目指して

自分の適応を知る

非行や犯罪は非行少年や犯罪者の脚本を表わしている傾向がある。そして、処分の過程で彼らが語る内容も、彼らが（意識せず）歩もうとしている人生の風合い、色合いをしばしば示している。したがって、この二つを一緒によく見ることで、彼らの非行・犯罪の意味や、彼らの内的世界を知ることができる。

しかし、じっくり考えたり、見てこなかったものを見たりすることは、彼らにとって面倒で厄介な作業である。そのため臨床面接のなかでも、不安が喚起され、イライラしたりする。それを「強いる」面接者に対して強い怒りが表現されたり、ネガティヴな転移が起こったりすることもしばしばである。

これを臨床家が逃げずに受け止め、その扱い方についてのヒントを示すことが、彼らの新しい適応の局面をつくりだす。そしてそのなかで、「ああ、だから私はあのときそうしたのだった」という洞察が得られれば、それは彼が自分の逸脱行為、適応、脚本を幾分でも客観視できたことになる。自分の間違いを「認め」ながら、それが不適応ではなく適応であったという側面を「知る」こと（この順序は逆であってはならない）が、今までの適応を変えることにつながる。つまり、脚本を修正することにつながっていく。

変えないようにして変えること

ここで重要なのは、微修正を心がけることである。彼らが慣れ親しんできた自己感、他者感、世界観の重要性を認め、彼らの構築してきた適応様式を根元から崩さないことである。急に別世界へ引きずり出す必要はなく、少しだけ違う代替案、味つけ、トッピングを見つけることを目指すのである。促すべきは、「ささやかで新たな適応」である。たとえば、大人はずるいと長く信じてきた非行少年がいたとする。彼に、大人はずるくないと教えるのは難しい。彼の中核信念が強固だからではない。「大人はずるくない」というのは、嘘だからである。だから、この場合、「大人はたいていずるい」くらいでちょうどよい。大人を信じすぎると、結局ずるい大人に裏切られて、再び元の脚本が強化されるだけだろう。

こうした微修正への努力のなかで、結果的に大修正が起こることはたしかにある。しかし、それは慎重に準備された環境でほとんど現象学的な事象として稀に起こるものだと思うくらいがよい。むしろ、簡単に変わったり、ドラマティックに変わったりしたら、我々は、彼らの過剰適応の可能性（あるいは臨床家が彼らを無理な適応に誘っている可能性）について考えるべきである。

また、脚本の修正を促す臨床家の関わりは、相手の「受け止めて生かす力」に合わせて行なわねばならない。たとえば、非行少年や犯罪者の一部は、承認されること、褒められることに慣れていない。他人は自分を肯定的に見ないという信念が強く、おだてる大人は下心があるに決まっているという前提がある。自尊心が低いという見立てをもって彼らを急に褒めても逆効果で、ますます警戒心を煽る場合がある。同様に、長年の地道な努力が破綻して犯罪に至った人に疲労や消耗を指摘すること、長期間の無職を背景に盗みを働いた人に対して社会に出る不安にすぐ共感すること、元被虐待児にあなたは悪くないと安易に言うこと、これらも、その真実度を確かめるのと同時に、相手がどう受け止めるかを吟味してから行なうほうがよい。むしろ、絶望的になるような事実を、そのまま共有することが必要なときもある。激励や承認よりも、「どうしようもない状況ですね。聞いているほうも途方に暮れてしまいます」という実存的な認知を提示することで、むしろ相手が救われた気分になることもある。

＊

ほとんどの非行・犯罪は、見方によってはたしかに「適応」的側面をもつ。金が欲しい、あいつが憎い、違法薬物を試してみたい、仲間との関係をなくしたくないから不良集団を抜けないなど、いずれも外界の情況から生じる内的な緊張を解消するための自発的な行動と言えるからである。

　しかし、非行や犯罪というものは、緊張や苦しみの解消行動であると同時に、新たな緊張と苦しみを生むという特徴をもっている。他を害し、自分を害し、社会を害して、外界と自分の内面との間にさらなる緊張と苦しみが生まれる負のサイクルをどう変えていくか。この課題をもって個々の事例に挑む我々臨床家にも、幅広い適応力が求められている。

第4章　事件と罪を見つめる

事件という事実

事件の上に出会いが成立する

「事件」とは一般的に、予想外の出来事、異変、もめごとのことで、ある国のある法律・条例のある条文に違反し、かつその違反に刑罰が規定されていれば、「犯罪行為」と呼ばれる可能性がある。加害者臨床、特に司法領域の現場では、執務上扱うことになった特定かつ個別の犯罪行為のことを、狭義の「事件」という（図4）。

事件という「公になった事実」は重い。冒頭から脇道に逸れて恐縮だが、担当していた事例の捜査記録を、業務の必要上、一式閲覧したことがある。それらは、心理学的なレポートとはまるで違う、しかし人の心理に関するきわめて重要な情報の集積だった。おびただしい数の証拠のリスト、その説明と証明、鑑識・鑑定の結果、被害者や加害者および関係者の供述調書、捜査が明らかに

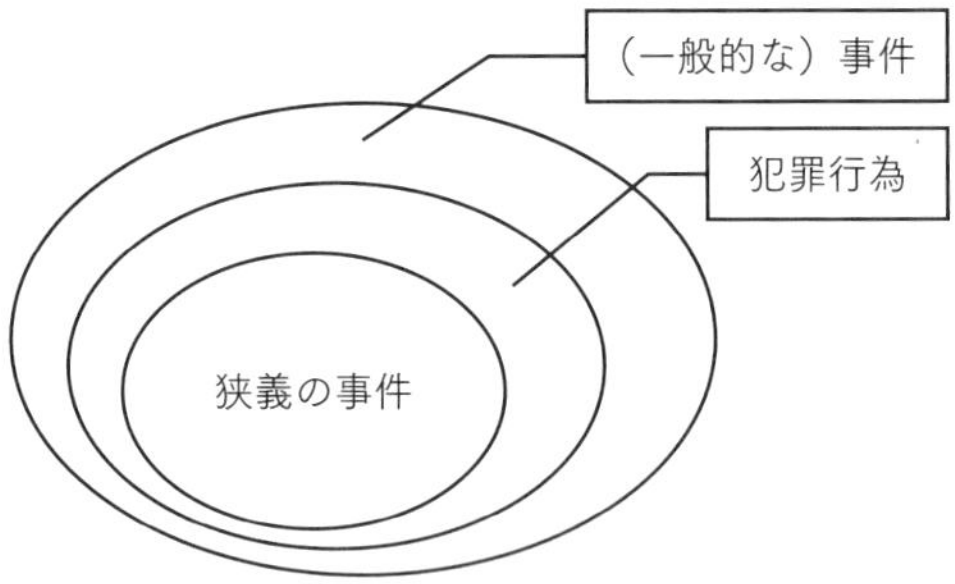

図4　司法領域における「事件」

（注）この図の例外として、少年事件の場合には「ぐ犯」というものがある。これは犯罪行為ではなく、非行準備性を示す状態であるが、狭義の「事件」として扱われる。

した周辺事情などなど……。事実を一つひとつ重ねて犯罪を立証する作業には、その一部を見るだけで畏敬の念を禁じえなかったし、事実の記述に徹する資料が放つ強烈な説得力に圧倒された。

話を元に戻そう。つまり、たいていの場合、加害者臨床における対象者との出会いには、まず事件が存在する。この事実があるため、彼らは問題とされ、時に裁かれ、あるいは社会に戻るまでの一定期間、心理臨床家と共同作業をすることになる。

事件の表象

心理臨床家の我々は、警察など捜査機関のように事件そのものを直接扱うことはない。先日こう言ったら、友人から「え？　そうなの？」と驚かれた。彼女によれば、漫画やドラマの世界では、心理臨床家も捜査を手伝っているらしい。厳密に言えば、我々が主として扱うのは、実際の事件後に非行少年や犯罪者たちによって過去の出来事として語られる「心のなかにある事件」「彼らにとっての事件」、つまり事件にまつわる表象である。そして、これを扱う過程からは、必然的に、事件の責任の価値づけ、つまり「罪」について扱う局面が生まれる。

本章では、筆者が身を置く加害者臨床の現場で、事件と罪を扱うことについて論じていきたい。限られた紙幅のなかで論を過度に複雑化させないために、さまざまな事件のうち過失罪に当たるもの、不法滞在のように（行為ではなく）一定の状態が犯罪要件であるもの、心神耗弱状態によるもの（心神喪失の者は刑務所には入らないので、筆者の働く現場にはそもそも現われない）、犯罪要件に当たるという認識が当事者に存在しなかったものは、とりあえず除いて考えることにする。

事件と罪の重みづけ

成人の裁判や少年審判では、事件の重大性に加え、事件がどれだけよろしくないか、非難に値するかを判断することになる。そして、原則として、非難に応じた刑（処分）が科される（罪刑の均衡化原則）。これを受けて心理臨床家も、当の非行少年や犯罪者も、事件の悪質性について、さまざまな面から眺めることになる（図5）。

まず、準備性である。「魔がさす」という表現がある。「出来心だった」「うっかりして」「軽い気持ちで」といった表現もあるが、いずれも要は、事件の当事者には準備性がなかったことを示している。これは、人々の怒りを和らげ、起訴を免れたり減刑されたりすることにつながる場合があ

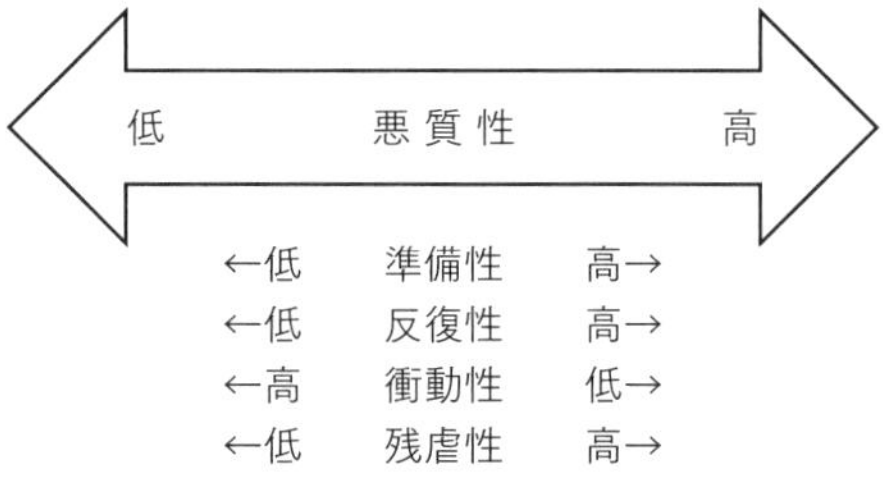

図5　事件の悪質性

る。実際、少年鑑別所に入った非行少年や刑務所の受刑者たちも強調したがる点だ。他方、計画性があったとなると、悪質性はぐっと増す。その人物は、いくらでも踏みとどまる機会があったのにしなかったわけで、許されない行ないを自分の意思の下に、いわば計算ずくで実行したということになる。

第二に、反復性がある。犯罪行為も一度きりであれば、場合により「過ち」ないし「若気の至り」という表現が許され、寛大な反応や処分を得られる可能性がある。しかし、以前犯罪に至って処分を受けたにもかかわらず、再び事件を起こしたとなれば、理由はさておき「良質」であるわけがない。さらに常習的となれば、「断じて許してはならない」という非難が起こるのは無理からぬことである。常習的犯罪者に対する好ましくない表現である「あいつはビョーキだ」などには、非難にも値しない「異常者」として切り捨てるニュアンスが含まれる。

第三に、衝動性（裏返せば、自己統制）という次元がある。怒りが頂点に達して我慢しきれずに殴った、空腹のあまり目の前の食品を盗んだなど、衝動や生理的欲求による事件は同情されやすい。他方、十分恵まれている生活のなかでさらに儲けようと企んだ、弱者を搾取していた、単に自分が楽しむためだけに他者を犠牲にした事件などは、私利私欲のうえの卑劣な行為とされ、情状酌量の余地はないと断罪される。

第四に、残虐性がある。これは、被害者に与えた傷や損害の大きさ、人間の尊厳に対する毀損の程度を示す。サディスティックな事件は、「世間を震撼させた」として、不安の裏返しの激しい処罰感情を引き起こすし、普通なら冷静でいられないような悪行を沈着にやってのけた者にも同様の判断が下される。

事件についての語り

事件のなかの自分

いつどこで、誰が何をしたといった事件概要は、我々が対象者に会うときにはすでに明らかになっていることが多い。ただ、より詳しい状況については、非行少年や犯罪者自身から聴くことになる。まさしく事件を起こしている「そのとき」、彼らは何を体験しているのか。読者のなかにも、犯罪報道を見聞して、「ああいう犯罪に至る心理というものは、一体どのようなものだろう？」

と考えたことがある人は少なくないだろう。ところが、これを直接当事者から聴くとなると、話は少しややこしい。つまり、「その最中に」という生の体験を尋ねられるのは、実況中継でもしてもらわない限り、事件後だからである。つまり、絶対に「生」ではありえず、あくまで記憶となったものの報告であり、言語化できるものである。

そして筆者は、「事件の最中」に関する彼らの事後的な語りは、実際のところ、世間一般の人が期待・想像しているものと随分違うのではないかと推測する。テレビドラマの「○○サスペンス」や「○○事件簿」では、クライマックスに、犯人が崖の上や林のなかで罪を自ら告白し、犯罪に至った経緯と事件最中の心境を一気に吐露する場面がある。ところが筆者のほうは、事件の回想に関して、あれと似た場面に遭遇したことはほとんどない（場所が崖ではなく、狭く質素な面接室だからではないように思う）。

あくまで経験の範囲内での記述になるが、彼らの「最中」に関する報告は、情緒的なものが相当部分排除され、十分構成化もされていないことが多い。説明は概して短く、ぶつ切れで、表現が拙いというよりあっけない。これは、事件に至って何らかの衝動を発散させた、あるいは目的を達したというカタルシスによるものかもしれない。面接者のことが嫌いだから話したくないということもあるだろう。あるいは、事件の最中の感情や情緒的な側面は、（誰であっても）元来言葉にしにくい性質をもっているのかもしれない。解離の問題を念頭に置かねばならぬ場合もあるだろう。いずれにせよ、その表現から我々がどこまでのリアリティを感じ取れるか、その力が試される（逆に、冗長だったりストーリーができすぎたりしているケースに出会うと、かえってリアリティに欠ける印象をもってしまう）。

言葉の省かれ方は、ほとんど俳句の境地に近いこともある。傷害事件を起こしたある中学生の少年は、かつていじめられていたという。今回の事件の被害者から事件前に殴られたことがあったかという筆者の質問に、彼は沈黙の後、「あるけど……ない。あ、蝉だ」と言った（二つの短い文章の合間、彼は面接に集中できずに、一瞬窓に目をやったのだった）。なんと簡素な、無茶苦茶な、しかし意味深い表現であろうか。こちらからそれ以上質問する言葉を見つけられなかった記憶は、今も鮮明である。

事件の様子

訥々とした語りのなかに、相当に血なまぐさい凄惨な内容がさらりと出てくることもある。こちらから聴いているのに、率直な回答を不快に思うのは、こちら側の身勝手というものだろう。しかし慣れない頃は、びっくりして会話が止まったり、過度に意識しすぎたりしていた。今では、平気な振りをすることもなく、自分の揺れそのものをその場の吸振材として使い、相手と言葉のやりとりができるようになった。あまりに自分の受けたインパクトが強いときには、面接後に執務室に戻り、自分の気持ちも含めて同僚に聞いてもらって、落ち着きを取り戻す。それでも聴くことに価値があると思うのは、事件の様子を両者で共有することによって、罪や責任について話すことが容易になるという実感があるからである。

事件を省みる

悔悟の情

事件を起こして、あなたは今、どう思っているのか、事件をどうとらえているか。非行少年や犯罪者は、この問いに数えきれないほどさらされる。ありていに言えば、この問いは、「反省しているのか」という糾問のニュアンスを含む。少なくとも、彼らはそう感じている。「犯人逮捕」のニュース後、彼らからの反省の言があったかなかったということが、メディアのもっぱらの話題になるのはよく知られた事実である。取り調べで謝罪の言葉を発しているのか、被告人席でうなだれているのかに、市民や世論は敏感である。

反省や謝罪の言葉がなければ、非難の対象となる。罪を認める、そしてただちに謝罪するということは、日本文化では殊に重要で、それによって当人も周りの者も気持ちが楽になり、「ゆるし」による浄化が得られる。これは、犯罪であれ不祥事であれ問題が起きた際に、謝罪より説明と償いを求める欧米社会とは大きく異なる文化であり、我々の心性である。仏教の慈悲が悪をも覆うという古来からの仏教観（森 1988）の影響もあろうが、法学的に言っても、現代司法における裁判所の判決や決定は、本人の行為後の反省の有無や程度を反映させないわけにはいかない（前田 2006）。日本における謝罪には、「悪事」へのゆるしを引き出す「呪術性」があるという指摘もある（佐藤 2011）。

他方、その反省や謝罪の表現がないということは、それが心の内にも存在しないことを意味するわけではない。逆に、表現していれば、それを信じてよいわけでもない。きわめて稀ではあるが、みずから反省していると言うので、こちらがもう少し聴きたいと尋ねると、「もっとうまくやればよかった」「どうせばれるなら徹底的にやっておけばよかった」などという答えが返ってくることもある。しかし、たいていの場合、非行少年や犯罪者は、心理臨床家の前に現われる頃には、「ゆるし」の文化を背景にして、何らかの内省や罪悪感を抱いているものである。ただし、その程度や質感は、皆同じではない。

二〇代のある受刑者は、受刑して数年経っても、「申し訳なかった」とは語らなかった。大きな事件であったため、事件後しばらくはマスコミに「謝罪の言葉なし」などと報道されていた。そして警察、検察、弁護士、家庭裁判所、少年鑑別所、刑務所といった多くの機関や専門家が、機会あるごとに、彼に事件についてどう思っているのかと聞くのだった。それが彼の価値を評価する唯一の指標であるかのように。

筆者も例外ではない。面接では、彼に「どう思っているのか」と聴く場面があった。あるとき彼は、小さく溜息をつく素振りを見せて、「正直言っていいですか？　ほら来たって感じです」と苦笑いした。そして、「正直よくわからない。ということは、反省していないということになるでしょう。というか、今の自分で軽々しく反省していますなんて、言えるほうが間違ってませんか？」と言った。「みんな僕に言ってほしいんでしょ？」という発言は、多少こちらを挑発しているわけだが、少なくとも彼は周囲の期待と非難を正確に理解していた。

彼の言い分は以下のようになる。被害者を傷つけたという認識はあり、被害者はつらく痛い無念な思いをしただろう。被害者側に何らの落ち度もなく、悪いのは一〇〇％自分である。しかし、自分はこうして「のうのうと」生きている。加えて、とうの昔から人生には絶望しているので、受刑したことで自分の人生が台無しになったとも思わない。罪悪感に圧倒され、涙に打ち震えるといった「人間らしさ」が、どうも自分には凍結しているようだ。ゆえに、そうした自分が「反省」の域に達しているとは到底思えないというのである。これを、無反省、極悪非道と評すべきか。そして、我々は彼に何と言えるだろうか。「君はすでに反省しているではないか」と指摘するのか、「だったらわかるまでもっと反省しなさい」と指導すべきか、「反省していないと感じているのですね」と彼の言葉をそのまま受け止めるか。彼にとっての反省という言葉の意味を見つめると、謝罪の念を言葉にしない選択が、（賛同はできずとも）理解不能だとは決めつけられない。青島（2012）は、「申し訳ありませんという言葉の虚しさ」を、少年院に来る非行少年たちが、それまでの人生のなかで嫌というほど知っていると指摘している。筆者には、彼が事件を境にして、「申し訳ありません」の意味を「虚」から「実」へ転換するための格闘のなかにいるのだと思えた。ペック

（Peck 1983）が言うように、我々は、邪悪と罪悪を区別して考える必要がある。

ある非行少年は、こう言った。「被害者は、僕が心から、全身全霊で、これまでの人生をかけてごめんなさいと言うのを待っている。それを言ったら、きっと僕は楽になるだろう。しかし、謝れば被害者が救われるのか。もしかしたら、もっと不幸になることもあるのだろうかと考える」と。

また、別の受刑者は、逮捕後数年して、被害者の命を奪ったことへの謝罪の念を、時には涙を流しながら口にしていた。彼は、残りの一生涯を、自分の罪を背負いながら生きていく覚悟があると静かに言う。人として当たり前の幸せを望むなど、虫が良すぎると彼は考えていた。しかし、実を言えば後悔はしていないと打ち明けてもいた。当然ながら、周囲はあっけにとられる。当時はあれ以外の道が思いつかなかったからだと、彼は述べていた。「たぶんこの感覚は、先生に説明してもわかってもらえないと思う」と淡々と話していた。

上述のような彼らの表現を非難する人も多いだろう。しかし、「反省しています」という言葉に、本人なりの固有の意味合いを探す努力は、彼らにとって楽な道ではないはずだ。罪と向き合うというプロセスは、それぞれの事情を背景に、それぞれのペースで進んでいく。

罪を背負うことへの抵抗

事件を振り返ることには、自分の罪に向き合い、重い罪を背負っていくには弱すぎる自分を見つめなければならないという危険がある。ゆえに、非行少年や犯罪者のなかには、しばしばこれに対する「抵抗」が生じる。事件について考え、認め、語ることは、自分の一番嫌な部分を意識し、さらすことになるため、彼らにとって間違いなく苦しい作業である。

このさまざまな抵抗を、筆者は、メローとシフ（Mellor & Schiff 1975）のモデルを援用し、図6のようにいくつかの相に分けて考えている。まず、事件そのもの、あるいは加害者としての自分を否認する相で留まる者がいる。自分はやっていない、事件はなかった、誰かのでっちあげだという主張がよい例である。「あれは事件ではなく、事故だった」と主張する交通事犯受刑者の一部も、ここに含まれるだろう。そもそも加害者ではないという前提があるということは、それよりも深部の相には進めないことを意味しており、また自分の罪を認められていないことを意味する。

次に、事件の存在、自分の関与は認めるが、その被害はほとんどない、つまり問題ではないと考える第二相がある。事件を矮小化したり、被害の程度を自分本位に決めようとしたりする態度に代表される。この場合、たしかに自分は事件に関わったが、それが被害者や周囲の人の人生を侵害したとは考えていないため、以下の第三相以降には進めない。

第三相は、有責性を認められない場合で、事件は起き、被害もあったが、自分には責任がない（あったとしても少ししかない）というものである。ここに留まる人は、事件に関与したのは自分だけではない、誰でもやっているなどと一般化することで自分の責任を薄める。あるいは、「さまざまなストレスにさらされていて、致し方なかった」などと、当時の窮状を理由に自分の罪の重さを割り引こうとする。被害者やその他の人の責任を指摘して、自分への非難をかわそうとするこ

事件の存在／加害者である自分を認められない

- 「自分はやっていない」「誤認逮捕だ」「むしろ被害者はこっちのほうだ」

事件の重大性を認められない

- 「大したことではない」「よくあることだ」「被害者はほとんどダメージを受けていない」

有責性を認められない

- 「俺だけじゃない」「誰でもやっている」「向こうも悪い」「本当は自分のほうも被害者だ」「ストレスを抱えていたからだ」「けがをさせるつもりはなかった」

謝罪の必要性／可能性を認められない

- 「今さら謝っても意味がない」「どうせここで反省しても被害者に届くわけではない」「慰謝料はすでに払ったので反省の念を深める必要はない」「自分はしょせん無責任な人間だ」「謝っても罪は消えない」

援助の必要性を認められない

- 「もう反省しているのだからうるさく言うな」「一人で考えるから放っておいてくれ」

図6　罪を認めないための五つの壁

こともある。

第四相は、責任は自分にあるが、償い、贖罪は不要あるいは不可能であるという抵抗である。つまり、自分が責任を取る必要がある、ないしは、その能力があるということを認めない立場である。「どうせ馬鹿だから」「自分の欠点や問題をさんざん考えてきたので、もうこれ以上考えられない」と白旗を上げる者もいる。精神障害を理由に、自分に何かを求められても無理であるという態度を前面に示すこともあるだろう。

そして、第五相に、自分の罪悪感について他者に開示したり、償いの過程で支援を受ける可能性を認めないというものがある。「反省しているのだからもういいだろ！」とふてくされる場合などは、これに当たる。

彼らとともに事件や罪を扱うに当たっては、どこの相での抵抗が残っているかを調べ、そこから「認める」作業を始めねばならない。たとえば事件の存在そのものを認められないのに、「謝罪しなさい」あるいは「そのための支援があります」と言っても、相手には届かないのである。

こう考えると、本人の言い分を受け止めて是認することが、時に内省促進的ではないこともあるとわかる。たとえば、第三相で停滞している人に、「ストレスに圧倒されていたからやってしまったのですね」と言えば、それは彼の停滞を支持したことになる危険性がある。そうではなく、こう言わねばならないときもあるだろう。「教えてくださったことは理解できました。そして、それでもなお私が疑問に思うのは、今の私たちの会話を仮に被害者（あるいは遺族）が聞いていたら、

『そうでしたか、よくわかりました』と言ってくれるだろうかということです」と。これを相手の怒りの導火線に着火しないように、工夫しながら言う。ちなみに、今までの筆者の経験から言えば、この類の問いに対して、多くが「言ってくれないでしょう」と即答する。稀に「でも……」となお抵抗する人がいるが、「それでは、今と同じことを、被害者に対しても言えますか」と聞けば、「できっこないじゃないですか」と言うことがほとんどだ。つまり、相手（広義の被害者）の視点からは、自分の言うことが通用しないとちゃんと知っているのである。

したがって、ここでは、「あなたの言い分は、あなたの言い分にすぎない」こと、「あなたの内面と外に表現されたものの間にはギャップがあるようだ」ということを指摘して、今（面接中あるいは受刑中）は何をする時なのかと問うていく。そしてこのプロセスと並行して、彼の自己肯定感が引き上げられる配慮をしたり、加害者としての説明責任を果たせるようになることが受刑中の務めであるとこんこんと説得したりするなど、援助者も彼の罪について逃げずに共に考え、見つめる覚悟があることを示していく。

ただし非行少年の場合、成人と同じような介入ができるとは限らない。また、少年鑑別所と刑務所では、処分の前か後かという絶対的な状況の違いがある。しかし、悪いことをしたら反省すること、謝罪の気持ちをもつこと、できればそれを表現すること、なぜ事件に至ったのか自分なりに説明できるよう内省すること、これらの「常識」は、大人でも子どもでも大きな違いはないと思う。

事件と罪を考える場面で抵抗が生じるのは、ある意味当然のことである。彼らが自分の罪を認めないことを責めるのが、心理臨床家の役割ではない。以前筆者は、自分よりも少し年長の性犯罪受刑者が事件についてのらりくらりと話すなかで、多少苛立ったことがあった。そのとき、特に批判めいたことは言わなかったのに、彼から「お前なんかに何がわかる。わかるわけねぇだろ！」と怒鳴られたのである。性犯罪者のもつ特有の脆弱性についてまだ無知な頃で、筆者は、彼が図6で示したどの相で留まっているのかを共感的に理解していなかった。そして、理解していないことを、知らず知らず、彼に示していたのだと思う。今、筆者は彼にとても感謝している。彼の表現は率直かつ端的で、過去や当時の思い、事件への認識と抵抗、人生上の不安と怒りと悲しみ、それらを語れない苦しさ、そして筆者の力不足を、一瞬で教えるものだった。

＊

「事件」の存在は、非行少年や犯罪者と向き合う心理臨床家にとって、大きな拠りどころであると同時に制約でもある。だが、事件について考えることは挑み甲斐のある仕事でもある。法的に認定された事実としての「事件」だけでなく、被害者や周囲の人にとっての「事件」を頭の一部で想像しつつ、目の前の非行少年や犯罪者にとっての「事件」を扱う。さまざまな視点からの事件を、いわば三六〇度の3DのCGのごとく重ね合わせて、事件に伴う彼の責任と罪を、彼らが自分の一部とできるように促していく。この過程では、非行少年や受刑者のみならず、我々臨床家も、何をすべきか、何を知ることができるか、何を望むことができるか、人間とはそもそも何なのかといったテーマに取り組むことになる。なだいなだ（2014）に倣って考えれば、「臨床において哲学をもつ」というプロセスの入口に立っていることになるのかもしれない。

第5章　逸脱の起源

処遇が難しい人たち

筆者が勤める矯正施設は、非行少年や被告人、受刑者などを、法の定めにより収容する施設である。二〇一八（平成三〇）年一一月末日現在、全国の少年鑑別所および少年院には二四六七人（うち女子二一五人）が、成人の刑事施設には五万一一〇八人（うち女子四二二五人）が収容されている（法務省 2019）。彼らは社会のルールに背いた（あるいは、その疑いがある）がゆえに収容されているわけだが、なかには施設に入ってもなお、逸脱行動に至る一群がいる。この人たちへの支援は簡単ではない。そしてここが加害者臨床、とりわけ矯正施設に特有なやり甲斐とも言える。

粗暴性や衝動性の高い人たち

矯正施設や警察の留置施設などでは自由を奪われるため、通常、人の行動は抑制されることになる。にもかかわらず、窓ガラスや便器（どちらも居室にある数少ない割れ物である）を損壊したり、小机を投げたり、扉を蹴ったり、暴言を吐いたり、誰かを殴ったりする人々に、これまで幾度となく会ってきた。たしかに収容生活はストレスフルに違いなく、後から彼らの言い分を聞けば、「家族が面会に来ない」「仮釈放の申請が棄却された」など、粗暴行為の原因として了解できる事情もある。ところが、時には「朝、蚊に刺されてかゆかった」「担当職員が他の受刑者に食事を配っていて、俺の話を聞いてくれなかった」など、それが物品の破壊や他の者をも巻き込むような大騒ぎに値する不満なのかと言いたくなるものもある（彼らにすれば「値する」と、そのときは感じられているようである）。当然ながら、これらの行動は所内の規則違反になるため、彼らは所内の処分を受けたり、使える物品が制限されたりして、余計にストレスフルな状況に自らを置くことになってしまう。

悪意と嘘の多い人たち

誠実な対話まで望まないとしても、最低限の事実の開示・共有を拒んだり、悪意をもって関わる傾向をもつ人がいる。少数とはいえ、処遇する側を困らせることに喜びを見出したり、押し問答をすることが暇つぶしの一環になっているという場合もある。彼らは、意図的に話をわかりづらく説明し（本当に自分にとって必要なことは簡潔に表現できるのでそうわかる）、揚げ足を取り、職員を脅すような発言をしながら、他者との距離感を保っている。また、嘘ばかりつく人も困る。かつて、面接で語っていたほとんどが嘘だったというケースに出会ったことがある。ばれるとあっさり謝るが、それ自体がもう嘘という状態であった。

会話が成り立ちにくい人たち

交流を拒絶する人に対しては、取りつく島がない。意図的な黙秘とも選択性緘黙の延長とも言える状態の人たちにも幾度か出会ったことがある。大柄なある受刑者は、肩をいからせ、ずっといかめしい顔で通していた。単純な事実については、短く「はい」「いいえ」と答えるが、その他のこと（特に自分が起こした事件のこと）になると、一言も話さないでこちらを睨みつけるばかりであった。最後は、筆者のほうから「参りました」と白旗を上げたケースだった。

かつて、面接室に入った途端、ばたりと床に倒れてしまう少女にも会った。いきなりこのような場面に遭遇して、最初筆者はたじろいだ。毎回同じ展開となればその行動の意味について考えはじめたが、とにかく話が一切できないので、矯正施設で必要となる重要な手続きのいくつかが一向に進まない。どうやら無理に起こそうとすると解離が激しくなって余計にひどくなるようだった。これにも困り果てたが、面接室は殺風景な分、危険な物はなく、バイタル面でも心配ないようだとわかってきたので、倒れてもしばらくそのまま一緒に時間を過ごすことにした。そのうちため息をついた筆者が、しょんぼりと「終わりにしよっか……」と独り言のように言うと、彼女は聞いているのかいないのか、黙ったままゆっくりと起き上がり、一緒に居室へ戻るということを繰り返した。

反対に、立て板に水という感じで、ほとんど一方的に話すだけの人もいる。面接室には来るわけなので話し相手は必要なようだが、こちらの話はほとんど右から左であり、こうした人たちとは、なかなか関係が築けない。

自分の生命を損ない、身体を傷つける人たち

反社会性と自己破壊的傾向には関連があり、非行少年や犯罪者は、自傷行為や自殺の危険という点でハイリスク群である（Walsh 2006／門本 2008, 2012／高橋 2014)。拘禁施設において自殺企図の前後ないし最中、一般人口のそれよりも高いと言われる（高橋 2007)。殊に矯正施設では公判や審判の前後ないし最中、彼らの運命が大きく変わる（かもしれない）局面で、突発的に自殺が企図されることもある。そのため、危険が迫っていると判断される者には、全所的な対応が展開される。二四時間体制で、動静の観察を密にし、慎重に対処する。一時も気が抜けない日が続くことになる。

また、筆者が少年鑑別所に勤務していた二〇〇〇年代までは、多くの自傷例にも出会った。自傷を繰り返す少年が入所すれば、彼らの身の安全を保障するために相当のエネルギーを取られたものだった。特に女子少年は、たとえ些細でも嫌な出来事があると一気に情動の制御を失い、そ

の辺にある物で腕や手首を切っていた。こうした一群は、言葉のやりとりを越えたところで、未分化なエネルギーの激しさをもって、容赦なく大人に向かってくるように感じられた。

しがみつき、翻弄する人たち

心身不調を殊更に訴えたり、施設内の扱いについて不満表明と要求を繰り返したりする人もいる。彼らはたいてい、相手に合わせて会話の量と質を調節することができず、ごく単純な事実確認のやりとりもスムーズにいかない。そして、過去のネガティブな出来事や否定的感情を繰り返し想起して、自分の不遇な人生を嘆くことに、他者を強引に付き合わせる。日を改めて話そうとすれば、怒り、騒ぎ、取り乱し、唐突に「死にたいんです」などと打ち明けることもある。一分でも多く相手を目の前にとどめようと、必死でしがみついているように見えるが、処遇する側に賦活されるのは、共感より苛立ちであることも多い。

逸脱が生まれる経路

二元論モデル

図7には、非行や犯罪、その他の逸脱行動の発現を示した一般的な理解を示している。本人の葛藤や内的緊張が、外的な方向で表現されるか内的な方向で表現されるかによって、暴力や犯罪などの反社会的行動が顕在化するか、抑うつやひきこもりなどの非社会的行動や精神症状が生じるかが決まるというモデルである。

しかし、さまざまな問題行動を、一人の人がいくつも同時に呈することは稀ではない。加害者臨床の現場に現われるクライエントたちは、他者を害する行為に出る一方で、抑うつ感や劣悪な自尊感情を抱き、内心では他者に怯えていることもある。実際に筆者が出会ってきたのも、他人を殴り、傷つけながら、危険な運転を繰り返して命を危険にさらす少年たち、自傷行為の反復をやめれば薬物乱用が始まる少女たち、抗うつ剤を常用しながら性犯罪を繰り返す者たちであった。彼らには、図7のような「内か外か」という二元論モデルはフィットしないのである。

地下茎モデル

ボイドとコウルズ＝ボイド（Boyd & Cowles-Boyd 1980）は、心理療法を受けているクライエントには、最悪の事態に陥った際に進む「三つの逃避口」が存在するというホロウェイのアイディ

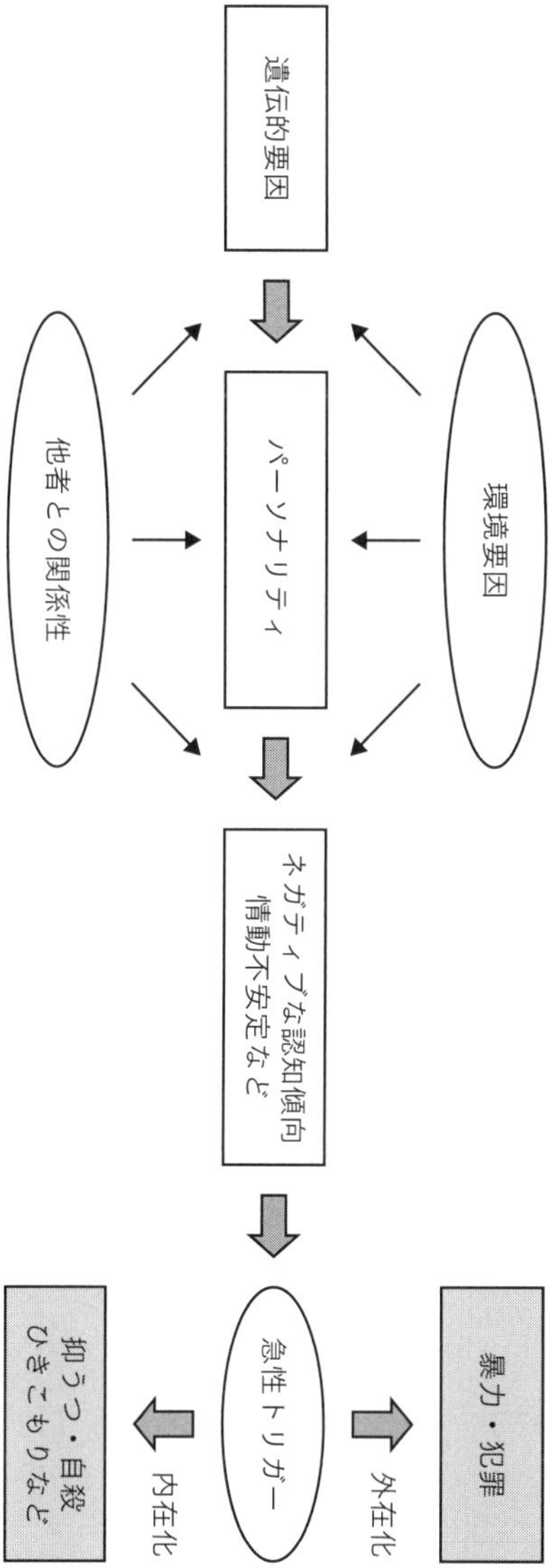

図7　逸脱行動が生じる経路（二元論モデル）

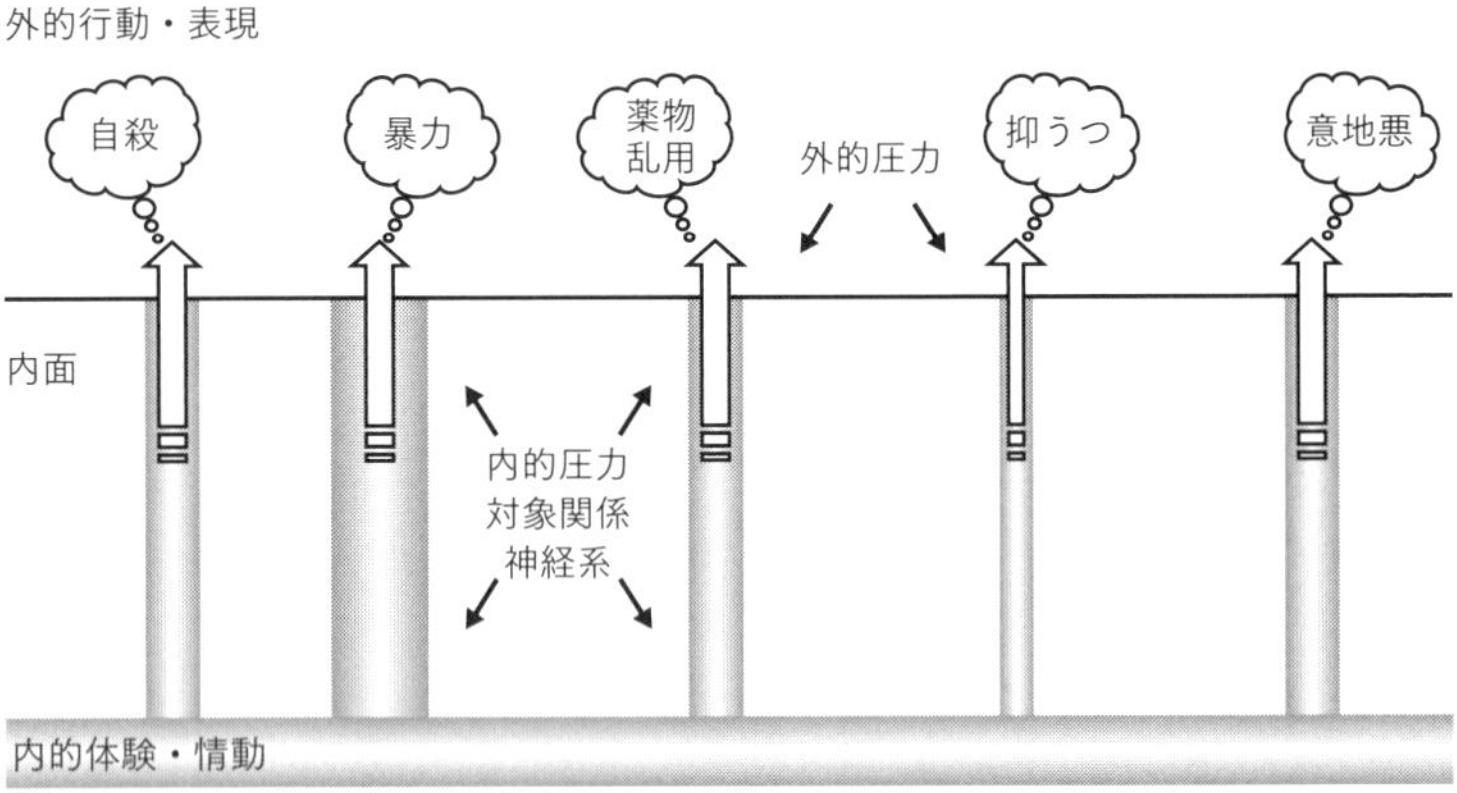

図8　逸脱行動が生じる構造（地下茎モデル）

アを発展的に論じている。この三つ、すなわち自殺する、他殺に至る、精神病状態に陥るという悲劇的な結末につながる道を、真の変化を望む心理療法では、まず閉ざす必要があると強調する。たとえば、抑うつを呈するクライエントに対して、うつ症状の改善や自殺の予防だけに目を向けていれば、そのクライエントはこれまで内に押しとどめていた怒りを暴発させ、他者の命を奪う結末がありうるというのだ。このモデルは、現代においては前提となっている医学的知識が正確でない部分があるものの、加害者臨床にとって示唆深い面を有している。

筆者は、このモデルをさらに発展させて、逸脱行動の発現に関する新たな図を提示したい（図8）。非行少年や犯罪者たちによる逸脱行動は、地表に現われた、エネルギーのネガティブな発露である。表現方法にさまざまな違いはあるものの、地表にできたそれらのエネルギーの噴気口は、実は地下茎のごとくつながっていると考えることができる。つまり、単一の逸脱行動（例——薬物乱用）の終息だけに注目するのでは足りない。仮にひとつの口を閉じることができたとしても、他の口が開いていることに気づくべきである。否定的で未分化で破壊的な衝動、情動、感情は、自殺企図や重大な加害行為など、別の逸脱行動となって現われるかもしれない。こう考えると、自殺予防に関する施策や対処法（内閣府 2014）が、「社会的な自殺」とも言われる犯罪の予防においても十分有効であることは、不思議ではないのである。ファイヤーストーン（Firestone 1997）は、自分の命や生活を傷つけ、破滅させるような行動を、「微細な自殺（Microsuicide）」という概念で説明しようとしているが、これも、様相を異にする逸脱行動の共通性に注目する立場と言える。

問題の起源

いくつもの逸脱行動に至る問題の起源はどこにあるのだろう。そして、さまざまな逸脱行動に共通する「根」を、我々はどのように踏まえて、非行少年や犯罪者と関わることができるだろうか。

鎮静化機能の不全

感情や衝動の統制は、時に万人にとって難しいものだが、一般にこれを可能にする力があるかどうかは、その個人が生育の過程で応答性のある交流を、いかに十分に経験できていたかに関係している（Hargaden & Sills 2002／Stern 1985）。加害者臨床で出会う対象者の多くは、人との関わりのなかで興奮を鎮めるというこうした経験が圧倒的に足りない。彼らにとって情動とは、自分のものであると同時に、台風や竜巻のような「災難」に等しく、一旦これらが押し寄せると、どうにも対処できず、通過するまでなす術がない。罵詈雑言を他者に浴びせる、粗暴になる、そして自傷に至る行動は、相手をそこに釘づけにする、つまり応答する相手として自分のそばに留め置く効果を生む一方で、後に激しい自己嫌悪や敗北感を感じさせ、人間関係を失う結末を彼らにもたらすことになる。

他者との関係性

生育の過程で獲得した愛着スタイルと他者との関係性も、逸脱行動の背景にある重要な要素と言える。非行や犯罪に繰り返し至る人たちのなかで、安定型の愛着スタイルをもつ者の割合は少ない。また、彼らの内的ワーキングモデルは不確かで歪んでおり、悪意に満ちた対象関係の経験が蓄積されている。したがって、情緒的に親密な関係への不安が強く、それを求めながら拒絶し、あるいは不信感を顕わにしながらも自分の弱みをむやみに曝してしまうという不器用な対人交流が繰り返される。相手を操作しながら、逆に利用されることも多く、こうした人生は、さぞや消耗する体験の連続であろうと想像できる。

外傷体験

非行少年や反社会性のある人は、これまでの人生のなかで、暴力や傷つけ合いに頻繁にさらされている傾向が強い。幼少期以来の、被虐待歴、事故などのエピソード、喪失体験（女性の場合、流産や死産なども含む）も同様に多い。法務総合研究所（2001）によれば、少年院在院者の実に約五〇％に被虐待経験があるという。西中ほか（2014）は、児童養護施設に入所中の男子少年を対象にした研究で、彼らのトラウマ体験が、眼窩前頭前皮質内側部の機能低下、外側部の機能亢進に関わることを示し、これらの機能不全がトラウマ症状としての怒りの増加と関連しつつ、非行や攻撃的行動を促進している可能性を示唆する。

さらに、こうした傾向は、子どもに限ったことではない。成人犯罪者のケースでも、同様の、否、時にはそれ以上の被害経験や喪失体験が認められる（あるいは疑われる）ことは頻繁にある。

最近は、後天的な遺伝子変化と逸脱行動との関係も明らかにされつつある。戸田ほか（戸田2013／Toda et al. 2014）は、ラットの幼獣期のストレスがエピジェネティクス（塩基配列の変化に因らないＤＮＡの構造的な変化）を生じせしめ、後年のうつ病類似の状態に結びつくことを指摘し、ヒトにおいても、うつ病やその重症化、難治性、治療抵抗性のほか、自殺傾向や攻撃性、他の精神疾患の併存に影響する可能性について言及している。さらに、中井ほか（Nakai et al. 2014）や戸田ほか（Toda et al. 2014）は、一般健常群を対象にした研究から、幼少期の虐待が、その後の気質（不安や焦燥感の強さなど）を介して、成人後のライフストレスを強めること、幼少期の虐待に影響を受けた気質と、その気質に影響を受けた出来事をよりネガティブに認知する成人後の傾向とが、抑うつ症状に影響すると示唆している。

自己イメージと傷

非行少年や犯罪者たちの傷と被害をどう扱うかという問題は、議論を呼ぶ点である。加害者の被害体験への手当てが、刑務所などの矯正施設で必要かという問いに対しても、さまざまな立場からの意見があるだろう。

少なくとも心理臨床家が念頭に置くべきことは、被害と被害感と被害者意識というものの区別をそれぞれ明確につけることである。さもなければ、非行少年や犯罪者が、自らの被害体験を、後の人生で何かを獲得（あるいは回避）するための「道具」として使うことになるおそれがあるからである。小畠（2008）が指摘するように、被虐待経験が犯罪の説明概念になりえたとしても、トラウマ治療を優先させ、加害者を被害者として扱うことが、再犯防止という課題を担うときに適切かどうかは慎重に検討すべきだと考える。

内省と展望

何が困難なのか

逸脱行動の背景には、上述したような原因のほか、当人の器質的・気質的要因や、身体疾患や精神疾患が想定できることもある。言語理解など、コミュニケーション能力の不足がある場合も考えられるだろう。いずれにしても、一朝一夕には改善できないものがほとんどで、彼らと関わり、援助を実現していくことには、困難が伴う。

しかし、実際のところ、「厄介」あるいは「手が焼ける」のは、相手そのものよりも、心理臨床家自身の反応だということが結構ある。脅やかされた気分になったり、いらいらしたり、相手に対する悪感情が賦活されたりするとき、我々は、相手を「処遇が困難だ」などと表現したくなるようだ。しかし、これを自覚できていると、目の前の対象者を、自分の内面の感情によってゆがめることなく、そのままに見ることができるようになる。臨床活動の対象者である彼らを排除しながら彼らに関わるという、本末転倒の動きを取らずに済む道が拓けてくる。

そして、何より重要なことは、非行少年や犯罪者自身も、しばしば自身の扱いに手を焼き、自分という存在を持て余しているということである。

変わらぬものと変わるもの

反社会性をもつ人々に対する心理臨床活動の「有効性」を論じることは、長きにわたり、大きな挑戦でありつづけている。まず彼らと信頼関係を築く過程で、心理臨床家はすでに最初の困難に遭遇することになる。

しかし、悲観的になってばかりもいられない。森田ほか（Morita et al. 2013）は、暴力被害の外傷体験をもつ薬物依存者に対する刑務所での心理療法的関わりが、一定の効果を上げる可能性を指摘している。また、緒方（2011, 2013）は、被虐待児の計量心理学的な知能が一般児童よりも低いこと、それにより生活上さまざまな問題を抱えやすいことを指摘したうえで、これらの能力の遅れが、その後の支援によって一部回復可能であることも示している。カーンバーグ（Kernberg 1998）は、重い反社会的行動を伴うクライエントが、内的生活における原始的、嗜虐的、腐敗的、反社会的、死滅希求的な側面を一貫してもっていたとしても、治療者が初期段階から彼らの健康な側面に関心を向けることを怠らず、一貫した道義的スタンスを守ることで、治療関係が構築され、彼らの人間性の核心に触れることができるとしている。多くの加害者臨床現場では、この言葉を実現するべく、絶え間ない挑戦が続いている。

*

逸脱行動が生じるからくりと、その起源にあるものに目を向けることは、非行少年や犯罪者と向き合う者に、いくばくかの忍耐力を与えてくれる。そして、図8に挙げたモデルで言えば、地表にある逸脱行動の発露口を塞ぐだけでなく、エネルギー源となっている感情、衝動、情動の流れを穏やかにするか、これらの流れを制御する弁を作る（統制力を育てる）か、あるいはその熱を地熱発電のごとく有効利用する方法を探していくことが必要なのではないだろうか。

彼らの処遇に「手を焼く」ときというのは、換言すれば、我々援助者側の悪感情が賦活されているときであり、こちらの想定が通用しないときであり、本気の援助が要求されているときであり、援助者を強引にでも自分に関わらせる力が備わっていると彼ら自身が示しているときでもある。であれば、困難にもちこたえる力を、我々は身に付けねばならない。「こたえる」には、堪える（じっと耐える）という意味だけでなく、しみじみ実感する（こたえる）という意味がある。「手を焼く」ケースは、「手をかけるべき」ケースとも言えそうである。

第6章　加害者臨床と「契約」

なぜ、いかにして私たちは会うのか

出会いの神聖性

初回面接の前は、緊張とわくわくした気持ちが入り混じる特別な時間である。矯正施設では毎日のように出る人と入る人がいるので、どんなにベテランになっても、現場では「新しい出会い」がつねにある。彼らとその人生を知ること、彼らとの関わり方を学ぶことは、新たな発見、驚き、沈思、感歎の連続で、筆者を成長させてくれる。

そして、心が騒ぐもうひとつの理由は、一連の関わりにおいて、初回面接が一番の「肝」という場合が多いことにある。非行少年・受刑者たちと筆者は、違う文化、違う歴史、違う価値観を背景にこれまで生活してきた者同士であり、それゆえ最初から快く意味ある関係が築けるとは限らない。難しいケースの場合、質はさておき関係をつくることすら自分の力量を越えていると思えるときもある。この経験的事実から、いかに相手とつながり、建設的な対話を実現するかを決める重大な分水線が、初回面接なのである。

出会いの場には、ある種の神聖さがある。だから、初回面接は、襟を正すような気持ちで、自分の初心を確認してから出かける。少し前まで、筆者は、真夏もスーツの上下を着て面接に出かけていた。初めて会う非行少年や受刑者の人生を聴き、彼らの内面に触れるに当たり、きちんとした身なりで一礼することが、筆者の示せる「礼」のひとつだからである。ご想像の通り、矯正施設に収容されている非行少年や受刑者は、真夏でもクーラーの恩恵にあずかれる機会などほとんどない（最近は面接室にある程度冷暖房設置の配慮がなされるようになったが、かつて筆者は、真夏は摂氏四〇度近く、真冬は五度の部屋で面接したこともあった）。以前の勤務先では、受刑者を面接室まで連れてきてくれる刑務官が、筆者の出で立ちの意味を即座に察し、刑務作業中でシャツ一枚の受刑者に「どうする？」などと小声で尋ねてくれた。そうすると受刑者側も、工場（受刑者の働く場）に置いてある自分の上着を着て挨拶することを選ぶ。互いに一礼して挨拶してから、「暑いですね」と言って二人で上着を脱いで話し出す場面には、面接の始まりとしての象徴的な意味合いがあった。

期待のズレ

加害者臨床では、面接を構成する二者の期待するものが初めから同じということは期待しないほうがよい。たとえば、少年鑑別所での非行少年との面接を考えてみよう。我々心理臨床家は、彼らの収容生活を安全に守り、安んじて審判（成人でいう裁判）を受けるための援助を行なうと同時に、心理査定を行ない、少年たちの今後の処遇選択（保護処分など）に資するレポートを作成しなければならない。ところが、少年のほうはといえば、とにかく一刻も早く少年鑑別所を出て、自分の家や仲間の元へ戻ることが唯一最大の目的である場合がほとんどだ。面接で内面を「探られる」ことは望んでおらず、できることなら家庭裁判所での審判も回避したいだろう。こうなると、面接室において、両者が胸の内で望んでいるものは全く違うことになる。こうした構造を暗黙のうちに抱えたまま関わりが始まれば、時にやりとりが綱引き、衝突、批判、騙し合い、操作、堂々巡り、心理的籠城の色彩を帯びてくることになりかねない。

出会いの定義

ここに、出会いの段階で心理臨床的な関わりを定義し、相互作用を通して両者が進む方向を定めるプロセスの必要性が浮上する。言うなれば、相手の年齢、法的な立場にかかわらず、「なぜこの出会いがあるのか」「どこを目指すのか」「どうやって進むのか」を明らかにし、共有するところから、加害者臨床の関わりが始まるべきだと筆者は信じているのである。これをなおざりにした面接で、非行少年や受刑者が自分の生き方を変えていくだけの要素を準備することは難しい。逆に、面接のプロセスがいかに困難であっても、出会いの意味、目的、方法が一定の輪郭をもって両者に見えていれば、とにかく建設的結果を目指して前進していけるということが結構ある。

契約とは何か

心理療法・カウンセリングにおける契約

契約（contract）とは、クライエントとセラピスト（カウンセラー）双方の義務や目的が達成された際に得られるもの、また問題が生じた際の措置などについて明確に文章化された両者による合意であり（APA 2007）、文字として書かれたものを指す場合もある。「契約」という場合、面接回数や料金といったものを最初に思い浮かべる人もいるかもしれないが、これらは狭義には、「ビジネス契約」あるいは「管理的契約」と言われるもので、セラピーやカウンセリングのなかで何を目指すか、そのために何をするのかを定めたものは、「治療契約」あるいは「プロフェッショナル契約」である。ちなみに、上述したような、当事者の内に潜在する暗黙の期待のことは、「心理的契約」と呼ばれる。これについては心理学領域のほか、組織論や教育論の場でも多くの論考が著わされている。

類義語に、「約束」や「誓約」という言葉があるが、どちらも、その行為者側の行動（あるいは内面のプロセス）を指し、行為者Aから被行為者Bへという一方向性のものである。これに対して「契約」では、つねに双方の合意という点が強調される。つまり、「関係」が包含されている概念と言える。

また、契約は、治療同盟を構築するプロセスのひとつと理解され、そのなかで論じられることが多い。これらを含めて考えると、心理療法やカウンセリングの多くの流派を通して、契約、および契約を結ぶことの重要性には共通理解があると言えるだろう（Cummings 1993／Jacobs 2006/2014／Linehan 1993a, b／Wills 1997）。

交流分析（TA）における契約

筆者が学んできた交流分析（Transactional Analysis：TA）における「契約」概念について少し詳しく説明したい。契約を結ぶプロセスは、TAのなかで、最も重視されるもののひとつであり（Stewart 1989／Stewart & Joines 2012／Woollams & Brown 1978）、契約を明らかにしないままで相手の内面に踏み込むことは許されないと考えられている。契約なしにセラピーなどの臨床的関わりに入ることは、治療者（therapist）というより、レイピスト（the rapist）に近いというラディカルな見解もあって（Goulding & Goulding 1978）、これはすなわち、契約という概念が、倫理に関わるということを意味している。

TAを創始したバーン（Berne 1966）は、契約を「（治療における）行動の道筋をきちんと決めた、双方によって交わされる明白な公約」と定義した。より平易に表現すれば、クライエントにとっては、自分が変えたいものは何か、それを可能にするためにどれくらい自分自身で関わるつもりかをはっきりさせること、また治療者にとっては、クライエントが望むことを達成するために、専門家として何ができるかをはっきりさせること、これらを両者で合意することと言える（深澤 1992）。そして、この合意をもとに変化を目指すに当たり、クライエントと治療者が共同の責任をもつことが期待される（Stewart & Joines 2012）。

また、契約は、治療的関わりの第一歩であると同時に、治療の方向を教える羅針儀、そして治療を深めていく推進力になる。他の心理療法では、治療法やアプローチについての一定の説明や査定、治療計画の周到な構築、提示などを経て契約を結ぶものと考えられているが、TAでは契約が、出会いが実現した瞬間から取り組むべき課題として想定されている。つまり、査定も治療計画の策定も、まず契約ありきという立場を取る。

加害者臨床においても契約は有効か

筆者の印象では、これまで加害者臨床領域では、また指導やスーパーヴィジョンも含めて、契約という概念が十分強調されてきたとは言えない。おそらくそれにはいくつかの理由がある。まず、定義に含まれる「双方」というところが実現困難な要件と言えなくもない。そもそも彼らは、加害者臨床という場に公権力によって登場「させられる」。いわば、成り立ちからして合意は存在しない。また、面接の全行程が本人の内省や洞察、変化のために準備されるわけでもない。人を裏切り、ルールに抗ってきた人たちに、「合意事項の履行」を期待しても実りはないという考え方もあるだろう。さらに、「罪人」は、自らの自律的生活や自己実現について前向きに考えたり、他者にこうしてほしいなどと要請する前に、まず自分の罪を反省すべきだという日本文化における価値観も影響しているかもしれない。

しかし、こうした場合であっても、この領域で契約の概念が無用であると決めてしまうことは早計である。一般に治療が困難だと認識されているクライエントでも、契約をきちんと結ぶことによりドロップアウトを防ぐことができ、治療が前進すると考えられている（Linehan 1993a／Yeomans et al. 1994）。また、査定のプロセスが大きな位置を占めている場合でも、契約を含む治療同盟の構築プロセスが、後の治療に影響を与えることがわかっている（Ackerman et al. 2000）。そうすると、パーソナリティの問題や破壊的な対人交流の傾向をもつ者が多く含まれ、また彼らに対する心理査定過程が重要な位置を占める加害者臨床において、契約の概念は重要なものになりうると考えられる。門本・室城（2000）は、非行少年を対象にした司法臨床における契約の重要性、契約を結ぶ具体的な方法について論じている。表3は、これをもとにして現在の筆者が考える、加害者臨床における契約の意義をまとめたものである。加害者臨床に契約の概念を持ち込むことは、多くの点で面接を安全に進め、大きな実りを生み出す可能性がある。

表3　加害者臨床における契約の意義

対象者側	出会いの意味、面接の意味が了解され、不安を軽減できる。
	面接や心理テストをする意味を理解して臨める。「なんだかわからないが根掘り葉掘り聞かれる」という事態を回避できる。
	動機づけを高められる。
	自分がするべきこと、できることが明示されるため、面接へのコミットメントが上がり、意欲を維持できる。
	自発性、自律性を最大限に利用できる。
	他者から「探られる」「(行く末を) 決められる」代わりに、自分の気持ち、考えを自分で探索、言語化、表現する責任を果たせる。自分のニーズを洞察できたときには、「何を目指して話すか」に関して修正・追加を提案できる。
関わりそのもの	問題の焦点づけが容易になる。
	あまりに多くの話題が持ち込まれる、諸問題の複雑な関係が明らかになるなどして収拾がつかなくなったとき、まずどこに光を当てて話すか決めやすくなる。
	方向修正ができる。
	不毛な他者批判に陥ったり水掛け論になったりした際、「目指すべき方向」に立ち戻って合意内容を確認できる。
	達成度を評価でき、満足感につながる。
	最初に決めたゴールを参照し、今自分たちがどこまで進んでいるか、何が課題として残っているかをいつでも双方で検討できる。合意した内容が達成されたと確認できれば、両者の努力に肯定的感情が得られ、達成感が得られる。
	目標達成に至るまでの時間を短縮できる。
	取り上げる話題、事象が明確になるため、(特に回数や期間に制約がある場合) 不必要な空転や横道にそれることを回避できる。
臨床家側	うまくいかないときに出発点を確認できる。
	関係が築けない、あるいは面接がうまくいかないと感じるとき、契約に鑑みて自分のするべきこと、するべきでないことを整理できる。セッション中の不快な交流を避けることができる。
	契約を意識することで、面接の場をクライエントの病理的対人関係を再演する場にしないですむ。
	スーパーヴィジョンを受けやすくなる。
	スーパーヴァイザーもスーパーヴァイジーも、契約を基点に話し合うことができるため、安全で合理性のあるスーパーヴィジョンが展開できる。

(注) 門本・室城 (2000) を修正して作成

非行犯罪臨床における契約の倫理的・治療的意味

“I am OK, you are OK”

ある人の特定の行動や価値観が承認されないとしても、人間としての存在そのものは、唯一無二のものとして他人の批判を受ける対象とはなりえず、肯定される。“I am OK, you are OK” という一文は、これを援助者自身にもクライエントにも保証することを端的に示したTAの哲学を表わしている。

たしかに加害者臨床の対象となるのは、ありていに言えば「悪いことをした」ために社会から “not OK” と言われた人たちである。多くの場合、非行少年や受刑者たち自身も、“I am OK” からほど遠いところにいる。自分は駄目で劣った厄介者であり、有益なことは何もできないなどと自分の本来の力を相当に割り引いて認知していることは珍しくない。自分には仕事もなく、家もなく、愛する人も去っていったというストーリーをもっていたり、一部には、いっそのこと開き直って “I am not OK” を利用しながら周囲を操作するほうが楽だと考える人もいる。そうすれば、自分自身で人生を変えていくという責任を放棄できるからである。

TAでは、“You are OK” を面接でのローカルな一言一場面に具現しようとするなかで、臨床家が少しずつ信頼され、非行少年や受刑者たちが変化への動機づけをもつことに寄与すると考えられている。そして、彼らの非行や犯罪行為自体は許されなくても、彼らの存在そのものは肯定され、受け入れられるというメッセージを込めて契約を交わすことは、まさにこの実践の本質だろう。

成人としての責任を果たすこと

ルールに従わず、自分の人生のゴールを定めきれなかったことが非行や犯罪につながっているのであれば、彼らが了解・合意できる形で最初にゴールとルールを決めること、彼らが他者や外界に合わせる能力を発揮できる余地をつくっておくことには意味がある。また、非行少年や受刑者は、他者や社会をないがしろにし、傍若無人に振る舞う一方で、内面では退行し、情緒的混乱を来たし、無力感を抱きつづけていることもある。こうした未熟な「子どもの部分」は、面接室にも当然持ち込まれる。そうであれば、津田（2011）が指摘するように、「子どもの部分」を連れてくる「大人（の役割を果たす部分）」の存在が必要である。契約を結ぶことは、彼らの「子どもの部分」を大切に扱いながらも、同時に非行少年や受刑者たちの合理的な判断、冷静でクリアな思考と行動ができる部分を信じ、これらの発動を真正面から彼らに要請することである。

主体性と自律性の尊重

おしなべて非行少年や犯罪者たちは、自分の人生の最終責任者が自分であるという感覚に乏しく、自分の人生を変えられるという自信も実感がない。さらに、自分が本当に欲しいものを求める資格もないと思っている。だから自分自身で考えることは長らくしていないし、自分で自分の感情の面倒を見ることもしない。なるほどいったん司法過程のなかで自由が制限されれば，「できない」ことはたしかに多い。しかし問題は，彼らがこれを普遍化し，自分の人生など自分とは関係ないところで決められてしまうものだとしばしばとらえていることにある。

加藤（2009）は，精神医療における「自由な主体」を尊重する治療者の姿勢が，患者を一人の人間として認め，彼らに主体的な自己責任の感情を喚起すると述べている。そもそも，加害者臨床の究極の目的は，非行少年や犯罪者が社会に戻り，犯罪に頼らない自律的な生き方を促進することにある。彼らの自発性と自律性が発揮される余地を，関わりの最初の時点から認めていくことは，医療現場でも矯正施設でも共通する原理だろう。シルズ（Sills 1997）が言う通り，心理臨床の場とは，自分はこう変わりたい，人生をこう生きたいとクライエントが自ら知り，それを声に出して言える場所となりうるものである。

これまで繰り返してきた否定的・破壊的交流を再演しないこと

不合理で，虐待的かつ搾取的な関係を多く経験してきた非行少年や受刑者の場合，専門家との関係において，かつて自分が経験してきた関係性を意識しないままに再演しようとする。たとえば，心理臨床家の一挙一動を切り捨て，軽蔑，悪意などと理解し，時には職員への暴力，脅し，操作，嫌がらせに発展したり，自己破壊的行為に至ることもある。ここで暗喩的に表現されているのは，彼ら自身の否定的な「自己感，他者感，世界観」（第2章）であるのだが，もしも関わりのなかで契約が十分に検討されていれば、これらの展開を阻止したり、被害を最小限に食い止めることができるかもしれない。なぜなら、契約には、治療や関わりが成功したときに得られるものが示されていて、今起こっている（起こりつつある）否定的交流がそれと乖離していることに、本人が気づきやすいからである。問題を生じさせるやりとりを批判することなく、無視することもなく、今ここで私たちは目標に向かって共に進んでいないという事実を、彼らに伝えることができる。

心理臨床家の責任とコミットメントの点検

契約は、治療者や援助者を助けるものでもある。我々がセッション中に混乱し、多くの扱いづらい問題のなかで溺れそうになったときのライフジャケットになる。

たとえば、特定の対象に深く肩入れしたくなる場合を考えてみよう。とりわけ経験が浅いうちは、虐待被害に長く耐えてきた非行少年、挫折や苦労の連続の末に犯罪に至った受刑者、自分と似た境遇で育った犯罪者の苦悩に触れたりすると、揺さぶられ、自分が何かをしなければという使命感に駆られる。逆に、利己的であったり、過度に依存的な対象者には、怒りや批判めいた気持ちが抑えきれなくなり、効果的な援助の実現を阻害してしまう危険性もある。説教をしたくなったり、目の前の対象よりも、当人に翻弄されつづけて疲弊している家族のほうに同情し、彼らの身勝手を正したくなるかもしれない。あるいは、よき援助者でありたいという願望があると、前述の心理的契約のレベルで、これが非行少年や受刑者側の依存心と結びつくこともある。そうなると、一見やりとりは協力的に見えて、実際は臨床家側の願望充足のためのプロセスと化す危険がある。井原（2010）は、治療者と患者がさまざまな誤解をそのままにして「えせ」契約を結び、治療契約が相互欺瞞に陥ることを警告し、西口（2009）も、治療のイノセンスを損ねたくないという治療純潔感、誤ったパターナリズムが治療に影響することについて言及している。自分は何者で、何ができ、相手は何を望み、何ができるかという、契約に含まれる視点は、両者のやりとりを空想や願望の世界ではなく、現実のなかに留めることに役立つ。

面接の実際

合意点を見つける

ある暴力事件で受刑者となった男性は、周囲のいろいろなことに怒っていた。受刑者になったことは仕方がないとしても、事件の経緯、弁護士の対応、裁判の過程、これまで親しくしていた（はずの）仲間の冷たい態度、自営していた会社が倒産したことなど、不満の種は挙げればきりがないほどだったが、罵詈雑言を吐いているだけでは何ら解決にならないことは明らかだった。

筆者が一番悩ましいものは何かと尋ねると、出所してからの金のやりくりだと彼は言う。「それが解決されることは、出所後の生活が落ち着くことになるのか」と問えば、「解決されなければ自分はまた自暴自棄になるだろう」と、まるでこちらを脅すような口ぶりである。「金のやりくりをきちんと行うために刑務所にいながら何ができるか」とさらに問うと、今度は、「こんなに気持ちが荒立っている自分を見てそんなことを聞くのか」とさらに怒り出す始末だった。「では、冷静になれるよう、物事を整理することに時間を使うのは無駄だろうか」と投げかけると、「無駄とは言えない」という答えがやっと返ってきた。ということで、限られた面接時間のなかで、「冷静になって金のやりくりが可能になる」ために頭の整理をするという合意がなされた。話し出すうちに、本人を悩ませているのは、金のやりくりそのものよりも、自分を待っている妻子に対するさまざまな感情であることがわかった。罪悪感と感謝の気持ち、しかし逮捕後に離婚を切り出したのに応じなかった妻への怒り、そんな気持ちでいる自分のふがいなさ、これら全部が「金のやりくり」という表現に結びついていた。二回目の面接では、彼も随分と冷静に話ができるようになり、事件についても「今回の被害者には大変申し訳ないことをした」と話していた。

自分のニーズを探す

なかには、契約を結ぶプロセスだけで面接が終わってしまう場合もある。筆者はかつて、少年鑑別所に三度目の入所となったある少年と再会することになった。事件は、またもや覚せい剤である。三回目の入所ともなると双方とも慣れた相手であるため、会うときの緊張はさほどではない。しかし、彼は椅子にだらりと腰かけ、以前のような意欲はなく、自嘲的で将来を悲観しており、審判までの面接で何を扱いたいかと筆者が尋ねても、その質問とは関係のないことばかり話していた。我慢大会のごとく両者譲らず、尋ねる－受け流すという繰り返しを小一時間ほど続けた後、彼はふいに沈黙して、ようやく「ただ話を聴いてほしい……かな」と言った。実際、以後の面接でも彼は多くを語らなかったが、筆者はその沈黙も含めて聴く時間に充てた。簡単にまとめれば、表現されたのは、親との争い、恋人との別れ、暴力被害、売人の接近、再使用の高揚感といった事実の報告であった。最後に彼は、「俺の話を聞いてどう思ったか教えてほしい」と言ってきた。急な切り返しに困った筆者が「なんだかなぁ……」と漏らすと、彼はくすっと笑って「本当、なんだかなーだな。先生、俺には今、自分を鍛えること（つまり少年院に行くこと）が必要だよね」と語った。

*

加害者臨床には、目の前の非行少年や受刑者がよりよい人生を歩むためという目的と同時に、社会の安全のため、被害者のため、あるいは将来の被害者を減らすためという目的もある。昨今は、後者の比重が大きくなりすぎ、心理的援助の本質を見失いがちだという警鐘的指摘もあるが（Cordess 2002）、契約を結ぶプロセスを重視すること、彼らとの治療・査定同盟の構築を大切にすることは、どちらの目的にとっても間違いなく重要であり、目の前の非行少年や受刑者としっかりつながる可能性を広げる。

そして、契約の問題をさらに深めていけば、契約は双方が関わるものであるゆえ、我々心理臨床家の内面にあるもの、そして、我々と所属する組織との関係性といったテーマも必然的に立ち現われる。

これまで六章にわたり、「あなた」＝非行少年や受刑者という対象について考えてきた。次章からは、いよいよ「私」＝主体としての心理臨床家について考えていく。

第2部

「私」＝心理臨床家という主体

第7章　私という主体‐実体性

第2部に入る本章からは、論の焦点を、非行少年や犯罪者という「対象者」から、「対象者と出会う主体」、つまり加害者臨床の場にいる専門家自身に移して考えていくこととしたい。

「鏡」から「相手」へ

まるで私がいないかのように……

新米の頃、その例にもれず、筆者も一生懸命だったと思う。面接もレポート作成も下手だったが、一生懸命に働き、一生懸命に対象者に会った。ことさらにアピールするように「一生懸命」と繰り返しているのは、それを取ったら何も残らないと言えるほど未熟であり、熱意だけを燃料にして走っていたと回想できるからである。

当然ながらこうした仕事ぶりは、スーパーヴァイザーからしばしば指導を受けた。面接のなかで、一生懸命なあまりつい口に出した言葉がクライエント（当時は少年鑑別所勤務だったので、非行少年を指す）の表現を不自由にしていないか、私のスタンスが知らず知らず面接の内容を操作していないかについて、熟慮するよう促された。面接者側の思い入れが顕わになるときには、「いかに距離を取るか」という課題が取り上げられ、議論になった。二〇余年師事したスーパーヴァイザーは、精神分析華やかなりしアメリカで働き、トレーニングを積んだ人だったこともあり、心理臨床家が中立性を保つこと、そしてクライエント（筆者の場合、主として非行少年や受刑者）の内的世界を自由に投影できる鏡のような対象でいつづけることをきわめて重要視していた。

また、職場の内外でのケース検討会では、主観に偏らない「客観的な」査定が強調された。どのような見方が正しいのか（正しくないのか）という視座から、非行少年の人格像や適応様式などについて活発な討論が行なわれていた。この経験は筆者にとって代えがたい財産になったが、筆者が当時（そして最近まで）釈然としなかったのは、解釈や分析を進めるなかで、関わる側、つまり心理臨床家の特性が考慮されることは稀だということだった。臨床場面に限らず、「語り」は聞き手が誰なのかによって、全く異なるものになりうる。にもかかわらず、我々は、査定者という立場になった瞬間、二人の関係の外に位置し、あたかも無色透明な存在になりうるのだろうか（図9）。

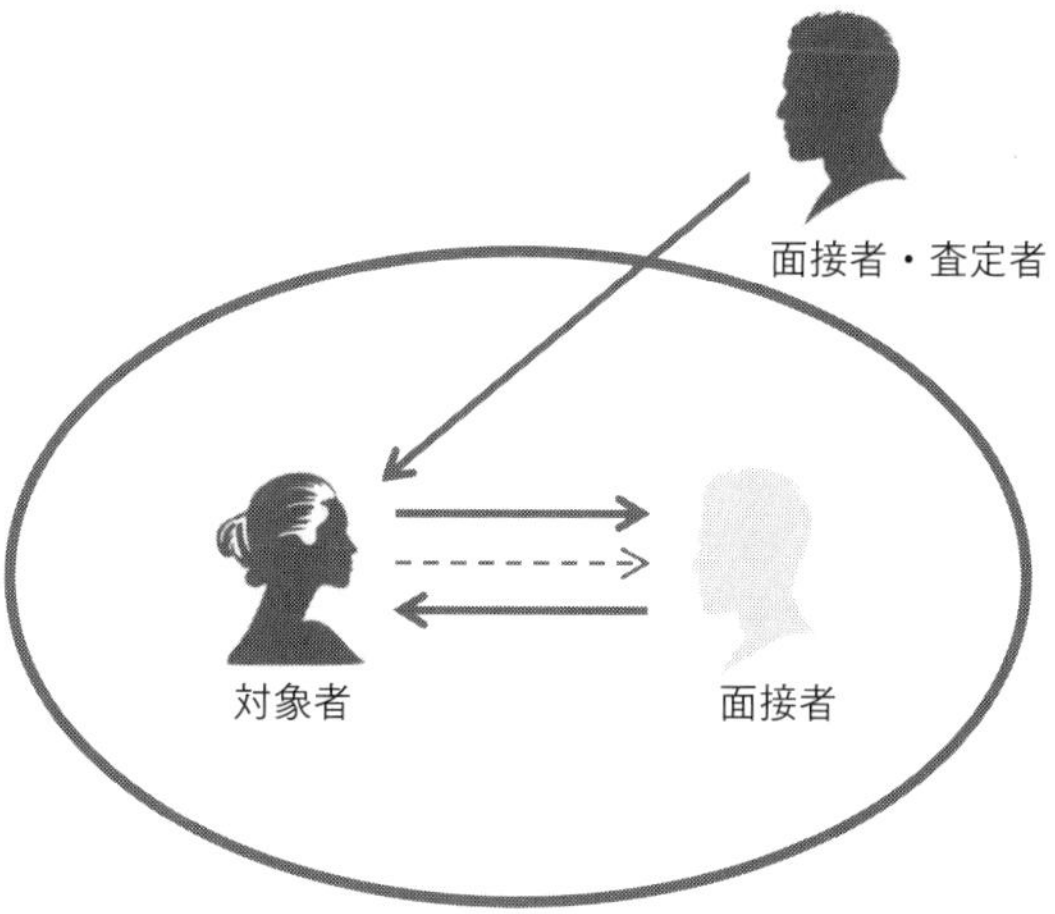

図9　場の内にいながら外にいる無色透明な臨床家

面接の場では、二者間に明確なやりとり（輪のなかの実線）と心理的やりとり／暗黙のやりとり（破線）が生じる。しかし面接者は、輪の内に無色透明な存在のごとくおり、同時に輪の外から「客観的」査定を行う。

もうひとつ先の「何か」

筆者の場合、ケースに関わるプロセスで、相手のことを「わかった！」と思える瞬間をもてるかどうかが、自分の仕事上の満足に大きくつながっている。相手のことが「わかった！」などと考えるのは独り善がりか思い上がりだという指摘を受けそうだが、とにかくそう思える体験をすることがあるのである。それは、一瞬のこともあるし、数秒の間にじわじわと湧いてくる認知と情緒と身体的反応のこともあり、例えて言えば、二者間を結ぶ線が〝通電〟したような感覚である。

神田橋（1997）は、共感について、聴く側（治療者）の固定イメージが崩壊し、思いがけない視界がひらける洞察のプロセスであると述べている。そして、このときクライエントには、「通じた」という体験が生じているという。スターンたちにより構成されるボストン変化プロセス研究会（Boston Change Process Study Group 2010）は、サイコセラピーには洞察以上の何か（something more）が必要だとし、これを「出会いのモーメント」という概念で説明する。これらの知見は、筆者の〝通電〟体験を肯定する要素になっている。

さらに、その決定的な瞬間にあっては、筆者自身が自然体でいられることが多い。興味深いことに、非行少年や受刑者のほうも、どうも似たような体験をしているように見える。換言すれば、彼らは、自分のことを相手（筆者）が「わかった」ということを「わかっている」ようなのである。そういう瞬間を味わえるケースは、査定結果についてまとめるレポートも主体性をもって書けるため、説得力が増す。彼がもしこれを読んだら何と言うだろうかと想像することもある。

そして、もうひとつ指摘できることは、自分なりに意味のある関わりができたと思えるときは、上述した中立性や客観性といった原理を、筆者が必ずしも遵守していないということである。たとえば、相手を受容し、相手の身になって考えるという立場から降り、彼らの認知に異論を呈したり、「あなたの言うことはわからない（信じない）」と、それまで築いてきたやりとりに水を差すようなことを伝えている場合も少なくない。にもかかわらず、そういうときこそ、非行少年も受刑者もそれまでよりずっと内省的になり、実際の行動が変化する。これが大変興味深かった。原理を守らぬほうがよいと言いたいのではない。それよりもっと先行・優先する要件があると言いたいわけで、言うなれば「出会いのモーメント」における筆者は、「鏡」でも「透明人間」でもなく、そこに実在する「相手」となっているということである。

加害者臨床に生じる出会いの瞬間——事例を通して

面接室で起こることをもう少し具体的に説明するため、いくつかの例を呈示したい。

臨床家の脆弱性が露呈する場に引きずり出される

A子は、傷害事件を起こして少年鑑別所に入ってきた。親元を離れ、ある施設で共同生活をしていたが、そこで一緒になった年長女性が被害者だった。彼女は、反省どころか、逮捕に憤っていた。A子曰く、被害者は、親や親戚と同様に自分をいじめ、いたぶる存在であった。彼女は面接で、幼少期からいかに自分が虐待されてきたか、いかに周囲が自分を無視してきたかを延々と訴えた。彼女は殴られる理由について、ただ大人たちから「お前が弱いのが悪い」と言われたという。彼女は、このショッキングな言葉をずっと恨みに思い、しかしやがて自分の自己イメージに取り込んでいった。

A子の非行は、虐待的な環境からようやく離れ、腐敗しきった自己イメージから脱却する試みのようにも解された。ところが、強くなったはずの自分は逮捕された。彼女からすれば、これは到底承服しかねる事態だった。反撃できるようになった自分を誇らしく思えるはずだったのに、事態はよりひどく、みじめになっているのだから。

A子はまた、同類のこと（否、彼女からしたらもっとひどいこと）をしてきた親や親戚がなぜ逮捕されないのか全く理解できないとし、ある面接で、「（この理不尽さの）理由を教えろよ！」と大声で筆者にすごんできた。

冷静に聞けば、無茶苦茶な理屈である。しかし、その場にいた筆者は、その死にもの狂いの問いに圧倒されてしまった。仕事上、ショックでめまいに襲われた体験は、あのときが初めてだった。彼女の生きてきた体験世界に触れ、それが理解できるようになったものの、筆者には、彼女に返せる答えが見つからない。「あなたはどう思うのか」とか「そうは言っても、人を傷つけては法律違反である」などという反応は、皮相的というレベルを超えて、滑稽にさえ感じられた。中立性、客観性を謳うことは、その場では全く用をなさず、突如自分が丸裸になって放り出されたように感じていた。筆者にできることは、脆弱さをさらした自分を、彼女と同じ部屋のなかに身を置いて認めることだけだった。彼女の形相の奥に悲しみを見ながら、「ごめんなさい。返す言葉がありません」というようなことを言うので精一杯だったが、その瞬間、彼女はすうっとおとなしくなり、以後、きちんと将来の希望について話しはじめた。

暴れないサポート

受刑者になった二〇代のB氏は、とにかく粗暴だった。刑務所に入ってきても、最初は何かにつけて激高し、居室のガラスを割る、小机を扉に投げつけて破壊する、注意する職員に暴言を吐くなどを繰り返していた。体格もよかったために、一旦そうなると手が付けられない。B氏は根気よく面倒を見てくれる担当の刑務官のことは大好きで、彼が勤務しているときはすれすれのところで我慢しているが、彼が休みのとき、あるいは彼が退庁した夜間などになると「事件」が起こっていた。

筆者は不思議とB氏と波長が合い、彼との短い面接を定期的に行なうことができた。無論、担当の刑務官がいる時間で、その他の保安的処置を整えたうえでのことだった。彼にしたら、面接には最初のうち「暇つぶし」の意味合いしかなかった。途中からは、「子どもじみていると思うけど」と言って、筆者が誘ったぬり絵を二人でそれぞれ作りながら、取るに足らない話をするようになった。彼は「またかよ」とぶつくさ言いつつも結構ぬり絵に夢中になり、しかも毎回繊細な彩色で仕上げた。同じ図柄にもかかわらず、彼のよりも明らかに汚く仕上がっている筆者の作品を見て、担当刑務官が笑いをこらえているのを、少し得意げに見ることも増えた。そうするなかで、彼の遠い故郷の話、地元の特産品、今空き家になっているらしい実家のこと、上京して暴力団に接近したこと、彼らの傘下で羽振りがよかった頃の自慢話などもするようになった。ぬり絵を終えて二人で出来栄えを眺める時間は、とても穏やかで、彼は時々、「こんなところで遊んでて、先生、仕事大丈夫か？」などと気遣ってくれた。粗暴行為がすっかりなくなることはなかったが、頻度は減っていき、そのうち彼のほうから「次は再来週まで（保護室に）入らないぜ」などと彼にとっては大きな目標を教えてくれることもあった。筆者にはそれがとても愉快で、真剣に聞くべき宣言なのに思わず口許を緩ませてしまったが、彼はそれを怒らなかった。

思い出の焼き直し

C君は、一向に仕事が続かず、金に困っては窃盗を繰り返して逮捕されていた。彼は寡黙で、うつむきがちで、従順だが自分の将来に対して自らコミットしないという態度がうかがえた。たとえば、少年院に送られるなら、それはそれで仕方がない、などと初めからあきらめ顔なのである。そんな彼と話すなかで見えてきたのは、彼には好きな異性や友人との関係から自ら遠ざかる傾向があること、幼少期に生別した母親の思い出がほとんどないこと、その母親から父親と同様に「捨てられた」と認知していることだった。

そして、彼は母親との唯一の記憶について教えてくれた。母親に手を取られて外出したら、バスに乗る前に一〇円玉を握らされたというエピソードであった。詳しい文脈の説明や情緒の表現は何もなかった。彼の記憶のなかには音もないようであった。筆者は、まだ幼い彼の小さな手のなかの一〇円玉をイメージしていた。そして、「でもあなたは今、一八歳になって、一時間働けばその数十倍のお金を手にできる年になったのね」と言った。

その日彼は、少年鑑別所での日記帳に、「僕は、今日、考えた。どうやら僕は過去にこだわりすぎていたようだ」と記し、以後、彼の生活態度は目に見えて変化していった（だらだらとした行動は観察されなくなった）。少年鑑別所を退所するまでそれは維持された。筆者はその後二年ほど同じ施設に勤務していたが、C君が再非行に至ったという話は聞いていない。一〇円玉と自分との関係、一〇円玉と自分とを結びつけていたさまざまな情緒の体験世界が、少年鑑別所で少し変化したのか、C君には聞けずじまいだった。

関わりを紡ぐ素材と土壌

本気度

加害者臨床における対象者との関わりについて、筆者の経験から帰納的に考え表現するとしたら、その本質は、「本気で聴く」ということになる。本気（authenticity）というのは、この人がどのような人生を歩んでいるのか、今何を言おうとしているのか、できるだけ生々しいところを知りたいという真っ直ぐな態度のことを指す。冒頭の「一生懸命」という新米の在り方は、この「本気」につながる、いわば幼体だったように思う。

「本気で聴く」ことは、なにも重大な出来事、深い洞察についてのみ当てはまるわけではない。知らない地名について相手から教わること、若者の最近の流行語について尋ねることでも実践される。むしろ、そうした一つひとつの「地味なやりとり」があってこそ、両者の間で〝通電〟する瞬間が生まれるように思う。

揺れと共振

筆者には、もうひとつ帰納的な洞察がある。否、洞察というよりも、限界の発見と呼ぶほうが適切かもしれない。それは、非行少年や受刑者と会っていると、筆者は、どうしても自分の気持ちが揺れることを免れないということ、換言すれば、自己の思考、感情、態度、生理的な反応が相手からのメッセージに影響されてしまうという事実である。鼓膜が震えないと音声が脳に届かないのと似ていて、相手を知るプロセスは、この「揺れ」「共振」の体験抜きには進まない。それを無視してやりとりを続けることは、筆者のなかの純粋性（ロジャーズのいうgenuineness）が阻害されることを意味し、本気度が萎えることを意味する。

そう結論づけるようになってから、筆者は、こうした共振を抑制することに費やす職務上のエネルギーを、もっと別の方法で、別の目的に使いたいと考えるようになった。

間主観性理論

間主観性理論は、精神分析のメタ理論であり、精神分析的精神療法に関するプロセス理論である（丸田・森 2006）。筆者は、加害者臨床でこの理論は、とりわけ有用であると考える。

間主観性（intersubjectivity）とは、人の主観と主観が出会うと必ず生まれる現象のことで（丸田 2002）、人が人との関わりのなかで何かしら変化するとしたら、それはこの間主観的な場においてである。クライエントは、この間主観的な場における相互交流を経て、それまでとは違った視点から自己経験をとらえ、以前とは違う意味を見出し、それまで頑なに守ってきた自分の「自己感、他者感、世界観」（第2章）の変化を許す。つまり、クライエントと出会う主観をもった対象、実体としての相手（＝心理臨床家）があることで、クライエントの変化と成長は進むのである。

とりわけ持続的共感的検索（sustained empathic inquiry）（丸田 2002）という概念は、これまで述べてきた筆者の実体験と重なるところが大きく、筆者を強く励ましてくれるものである。これは、完全に相手を理解するという事態は理想であって現実にはないとしながらも、絶え間なく、相手の主観に近づき、相手の情緒と体験世界に近づこうとする努力ないしはスタンスのことを指す。丸田（2002）は言う。

「治療の目的は、患者の主観的世界の展開、解明、変形（transformation）にある。それを最大限に達成するような間主観的コンテクストを醸成する治療者の姿勢は、持続的共感的検索として概念化するのが一番適切である」（p.59）

そして、そうでありながら、臨床の場に登場しているこの二者は決して同化しない。クライエントと治療者というペアは、出会いの場に、それぞれの個人的背景と体験世界をいつも持ち込む。したがって、治療的出会いは、異なる経験世界のぶつかり合いと定義できる。これは、ゆゆしき問題ではなく、解消しようとする必要もない、むしろ、クライエントの内なる変形（transformation）と成長を可能にする相互作用の基盤そのものなのである（Jaenicke 2010）。上述した三つの事例との出会いも、全く異なる世界を双方が面接室に持ち込み、ぶつかり、そのうえで心理臨床家が持続的共感的検索を目指せたことが、〝通電〟という現象を生む土壌になったと言える。

間主観性は、理解のプロセスに伴うものであり、査定を主たる目的とした臨床的関わりでも当然生じる。里見（2015）は、非行少年を査定する過程にも間主観的作用が認められることを見出し、審判（成人でいう裁判）の資料となる文書「鑑別結果通知書」も、間主観的なプロセスを考慮に入れずには成立しえないと主張している。

四つの「C」

心理臨床的な営みが専門的職務である限り、無論、専門知識は必要で、客観主義から派生する科学性を重んじることまで否定しようとは思わない。しかし、加害者臨床において、我々の対象者は、中立性や客観性、あるいは自分をありのままに映し出してくれる鏡の役割を我々に望んでいるわけでは必ずしもない。これまでに述べてきたような変化を目指す関わりのなかでは、純粋な客観的立場は想定しようがなく、臨床家が無色透明であることは不可能である。否、不要である。丸田（2013）は、「『科学的で客観的』を自認する治療者にクライエントは、間主観的に起こっていることを語ることはしない」と述べている。心理臨床の場に客観性などというものはなく、あるのは主観と主観の出会いだけなのである（Stolorow et al. 1987）。

加害者臨床において心理臨床家は、非行少年や犯罪者の思いや気持ち（content）に耳を傾け、それらを理解しようと努める。しかし、それよりもまず先に求められるのは、主観をもった存在として、相手ときちんと「接触する」あるいは「出会う」（contact）こと、そして相手と「つながる（connect）」ことであろう。これが、前章で筆者が強調した、「専門家と非行少年・受刑者が共に何をしていくか」への合意、すなわち「契約（contract）」という道標につながっていくのである（図10）。このプロセスを丁寧に進んでいかないと、〝通電〟体験があってもすぐに〝断線〟したり、もう少しで〝通電〟という段階に達したことを〝通電した〟と早合点したりすることもあるだろう。

＊

グールディング（Goulding 1987）は、サイコセラピーをアートであると定義している。加害者臨床における関わりも同様で、そこで生起するものは、そのペアのその場のユニークな即興演奏のように思われる（図11）。

そして、筆者が加害者臨床のアート的側面を強調したいもうひとつの理由は、心理臨床家が関わりのなかで相手について「わかった！」と思えれば、その時点ですでに相手は変化しはじめているという点にある。相手と「通じた」と思う瞬間、彼が内面世界を変形（transformation）させていくプロセスが始まっているので、筆者が「わかった！」と表現したくなる彼の内面は、すでに過去のものになっている。このプロセスが共決定的（co-determined）（Jaenicke 2010）であるという事実を筆者は歓迎すると同時に、それゆえに自らの仕事に課されている責任を感じないわけにはいかない。

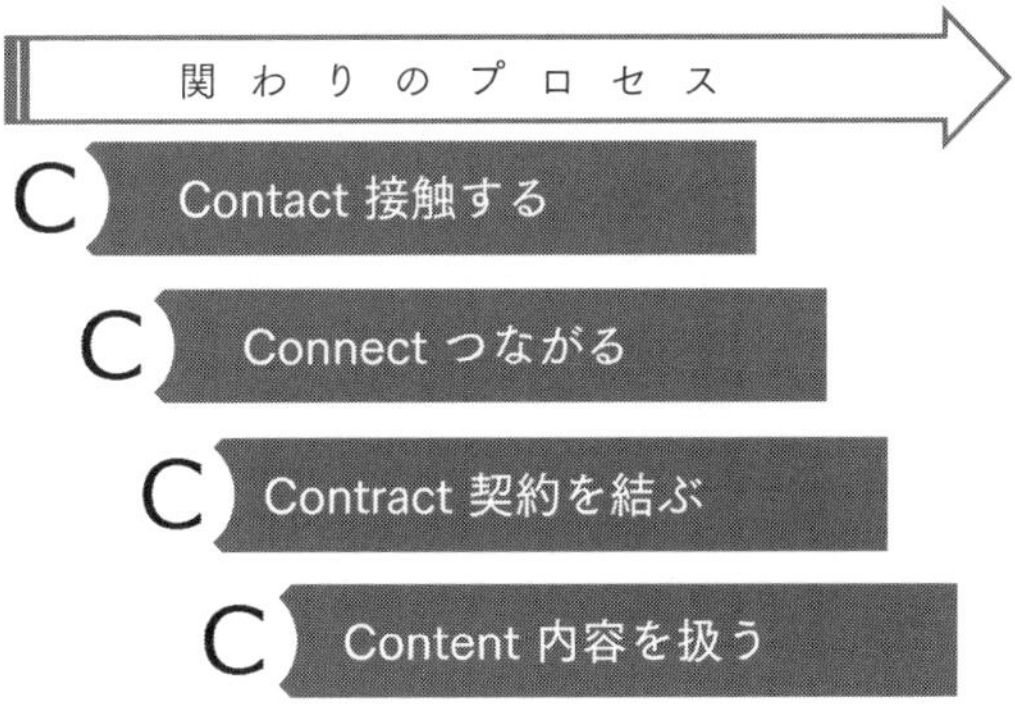

図10　心理面接臨床における四つのC

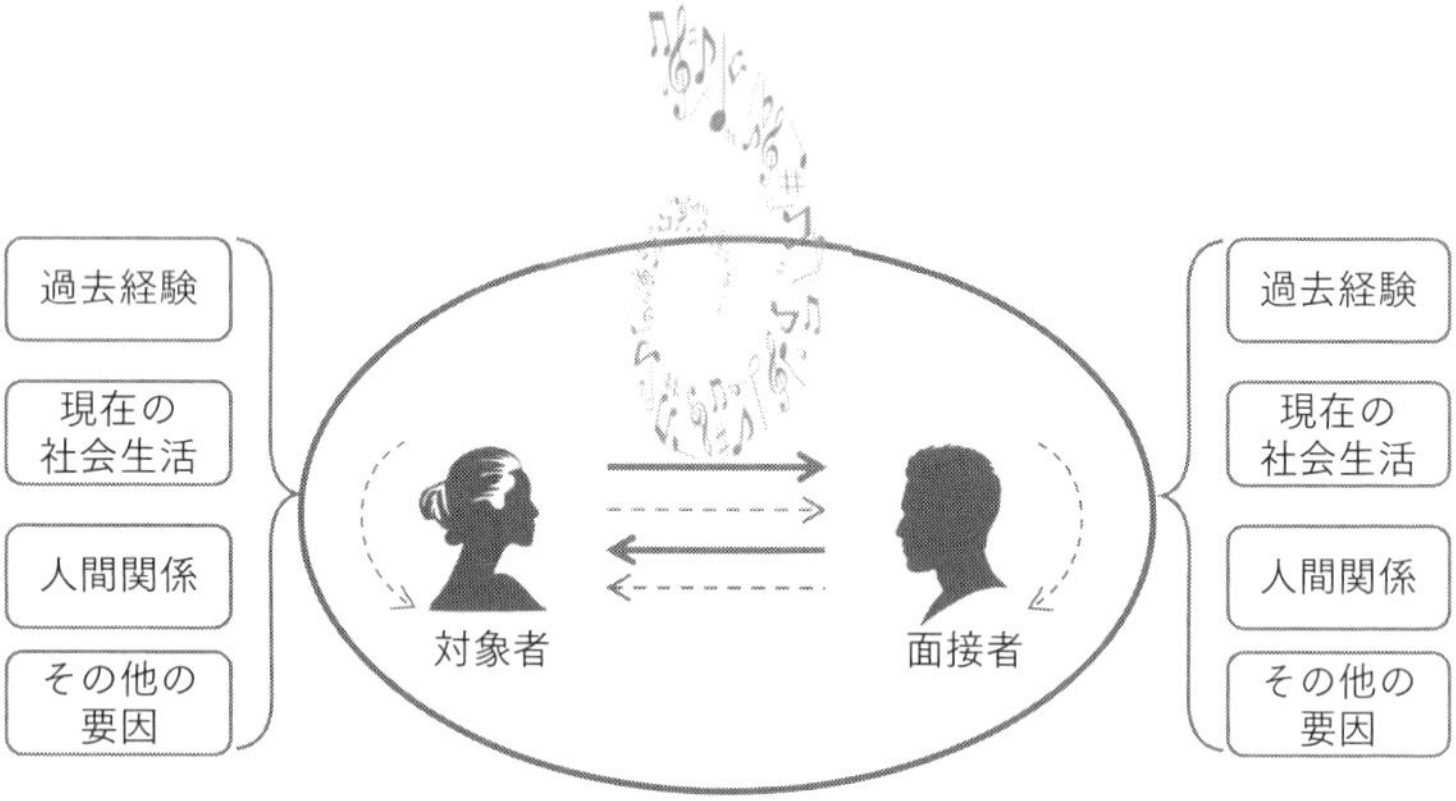

図11　場の内側に存在する実態としての臨床家

面接の場に、二者間で明確なやりとり（輪のなかの実線）と心理的やりとり／暗黙のやりとり（二者間の破線）が生じる。面接者は場の内に実体があり、輪の外にはいない。双方が互いに影響を及ぼし合い、さらにそれぞれの個のなかでも内省や気づきや変化が生じる（個人内の破線）。これは、面接の場に、面接の外にあるさまざまな事情を双方が持ち込みながら進む。ここで起こることは、時に即興演奏のように予測不能で、双方の変化を誘発する。

第8章　援助者の「不実」

問い

罪を犯した人、非行に走った人を助ける仕事というものは、市民としての善意と専門家としての倫理観や技能に依って立つものであり、正しく善く、人の役に立つ愛他的な行為である――これは、どこまで本当だろうか。

本章では、この挑戦的な問いについて考える。加害者臨床の専門家が何を目指して何をするのかという問題を肯定的側面、否定的側面の両方から見ることは重要でありながら、特に後者の部分はこれまであまり取り上げられていない。「悪い行ない」に至った人を対象とする臨床現場は、その性質上、「更生」「正義」といった表象を与えられやすいが、この善と悪のコントラストが、時に心理臨床家の目を曇らせる要因となることがあるように思う。

善意の名のもとに

対人援助職一般に言えることだが、そもそもこの領域を志した人たちは、人の役に立ちたいという愛他的な思いをもっている（と想定される）。そこには、自分がそうした援助の行為に向いているのではないかという期待と、援助者としてのアイデンティティを求める気持ちが存在している。

言い換えれば、援助職に就く人たちには、自分の期待や欲求を満足させたいという動機があるということになる。他者を支援することで、我々は自分自身のニーズを満たしているのだ。たとえばそれは、自分の能力を評価されたい、他人の人生を変える過程に一役担いたい、人に感謝されたい、あるいは単に皆に好かれたいといった動機であり、これらは、愛他的というより自分本位と表現するほうがふさわしい。グッゲンビュール＝クレイグ（1981）は、これを専門家の「影」と表現し、人を助けることをその使命とする職業に就く者はこの影から決して逃れられないとした。彼は、心理臨床家の求めるものを「力」と呼んで、援助職に特有の「破壊性」について論じたが、筆者は、自分の臨床現場に潜む「影」には、「力の追求」に限らず、「弱者の守護者になりたい願望」「自己の〝善性〟を確認しようとする動機」などの性質もあるように思う。

ここからは、加害者臨床において我々が陥りかねない、いくつかの典型的な「落とし穴」について考えたい。

お仕着せ

筆者の体験を紹介する。D君は、一六歳になったばかりで恐喝未遂事件に関与し、少年鑑別所に入ってきた。彼は、高校を中退して上京し、職場の寮に住み、夜は最近知り合った友達と駅前で路上ライブをしているという。酔っ払いや不良にからまれることもあったようで、今回の事件もそうした小競り合いの延長で起こった。

重要なのは、家族との関係だった。彼によれば、半年以上家族は皆行方知れずで、すでに盆も正月も彼の誕生日も過ぎていたのに、親とは一切連絡が取れないという。唯一連絡が取れる母方叔母の電話番号は、少年鑑別所に領置されている携帯電話に登録されているものの、随分前からディスプレイが一部壊れており、番号がうまく表示されないらしい。さらに、すでに電池切れであった。彼はこうしたことを、あっけらかんと話した。

少年審判（成人でいう裁判）の過程では、法律上、監護教育の義務を有する保護者の存在がきわめて重要になる。少年鑑別所に入るときには、保護者に速やかな通知がなされ、保護者は審判に呼び出される。審判前の調査では、家庭裁判所調査官（以下、調査官）が保護者に事情を聴き、必要がある場合には保護者に対して子の監護に関する責任について自覚を促し、再非行防止のための訓戒や指導をすることもできる。

さて、D君だが、筆者と担当調査官は、保護者を探すために、叔母の連絡先を彼の壊れた携帯電話から何とか取り出せないかと考えた。そして、彼の携帯電話に適合する簡易充電器（当時は今のようにユニヴァーサル規格ではなかった）を探し出した。D君と一緒にあれこれ頭をひねりながら、携帯電話の機能を駆使して、時にはディスプレイ部分を両手でねじると液晶表示が濃くなる現象を発見し、連絡先を取り出すことに見事成功した。おかげで叔母を通して両親と連絡が取れ、調査官の説得により、母親が審判に来ることになった。この流れのなかで、両親は多額の借金を抱え、幼い末娘を連れて「夜逃げ」をし、ずっと居所を隠していることもわかった。母親が来ることを告げられたD君は、驚きつつも喜んでいた。

ところが、母親は審判当日に姿を現わさなかった。それどころか、調査官によれば一切連絡が取れなくなったという。居所を知られることを恐れてのことと推測された。D君の事件は軽微で、幸い叔母や雇い主が監護を約してD君は社会へ戻ったが、このケースは筆者にも調査官にも重い問いを投げかけた。

壊れた携帯電話から叔母の連絡先を取り出したことは、果たして彼の人生をよいものにしたのだろうか。家族と連絡がつくことは、たしかに彼の望みであった。しかし、当時の彼はそれをあえて諦めて、遠くから微妙な距離感で家族とつながっていることを選んでいたのではなかったか。母親の連絡先を突き止めたことが、結果的にD君と家族の間の、今にも切れそうな、しかしかろうじてつながっていた細い糸を切ってしまうことになったのだとしたら……。これは、家族の在り方について、我々専門家はよくよく考えねばならないと強烈に胸に刻んだケースであった。

そして、筆者が恥の感覚に襲われるのは、当時の自分が内にもっていた動機について慎重に真剣に点検していただろうかと考えるときである。筆者には、社会常識的に、あるいは心理学的に見て、「正常ではない」親子関係を直したいという欲求がたしかにあった。専門家として望ましいことをしたと信じていたが、それは、誰にとって「望ましい」ことだったのか。仮にこれをD君に問われたら、筆者は何と答えられるだろう。あれから一五年以上経った今も、この内省はずっと未完のまま続いている。

依存の助長

非行少年や受刑者たちは、少なからず人生の過程でさまざまな不幸を体験し、人間関係のなかで傷ついてきている。典型的なケースでは、幼少から依存欲求の充足がないがしろにされていて、成人後も愛情飢餓の状態にある。家庭、友人、職場で親密な関係が長続きしない分、他者と温かい関係を形成したいという内面の欲求はしばしば非常に強い。そして、こうした特徴が、彼らの非行や犯罪につながっていることも珍しくない。

依存や愛着にまつわるこの特徴が、上述の援助者側の「影」の欲求と結びつくことがある。たとえば矯正施設で出会う少年や受刑者たちの一部は、「不幸」「健気」「脆弱」、時に「かわいそう」に見えることが多く、彼らには篤い助けが必要に見える。その悲惨な生活史を聞くと、彼に関わった援助者として自分は何かをしなければという、ある種の使命感のようなものを感じることすらある。援助者としての「救済者願望」が刺激されるのである。このようなケースの多くは人格面での病理も深いが、そうしたケースであれば余計に、心理臨床家の目には彼らが本質的に無力であると映り、しばしば彼らのために何かせねばならないと感じられるようである（Gabbard & Wilkinson 2000）。

援助者側のこの反応は、時に相手の依存を呼ぶ。特に、矯正施設のような自由を奪われた環境では、不安や孤独感が高じるため、心理臨床家は恰好の依存対象となりうる。彼らにとっては、依存してしまったほうがはるかに安楽に過ごせる。つまり、彼らの依存欲求と我々の救済者願望が、意識的、無意識的、非意識的なレベルで互いに互いを必要とし、双方の束の間の安心感を保障するのである。

最初のうちは、理想化転移が作用して、ある種の「蜜月」を味わうこともある。しかし、この状態が長く続けば、彼らが自分の力で考え自分の判断で行動するという側面が強調されないままに、関わりが終わるというリスクが生まれる。

加えて、対象者－心理臨床家の関係は永遠ではない。特に、加害者臨床の現場の多くは、司法に係る公的機関であることが多い。矯正施設であれば、彼らはいずれ社会へ戻っていくわけで、別れの時期はすでに刑期などで決められていることが多く（援助者側の急な転勤もありうる）、それは二人の間の関係の成熟度とは無関係に設定される。関係が終わるとき、非行少年や受刑者自身に自律への決意がなければ、あるいは別離を乗り越える力が備わっていなければ、彼らは不幸な別れを再び経験するだろう。そうなれば、それだけ再犯に至る可能性も高まるかもしれない。

仕返し

「善意」の関わりだったはずが、結果として、正反対の関わりに発展することもなくはない。非行少年や受刑者のなかには、他者に対する警戒心が生き延びるために必要だった人も多く、彼らは容易に人を信用しない。信じられそうだと感じれば、まず相手を試してくる。心理臨床家は、言いがかりをつけられ、無視され、嘲笑されたりする。相手の話を傾聴しても、こちらの話は全く聞き入れられないどころか、不満ばかりを受け止めるはめになったり、自己愛的な空想や他者への恨みつらみばかりを延々と聞かされることもある。なかには、面接者の対応が不十分だとして裁判に訴えるなどと脅される場合もあれば、身体的な暴力に至る可能性を心配しなければならないケースもある。

そうなると、心理臨床家の内心には、援助者として「あるまじき」感情や考えが湧いてくる。当初の「善意」がねじ曲げられたように感じ、対象者への嫌悪感をはっきり意識できるときもある。相手に明らかな悪意があったり、自分の甘えを押しつけようとする意図が察せられるときなど、「あんなひどい事件を起こして被害者をつくっておいて……」などと非難したい気持ちになることもある。こうなると、両者の関係はしばしばパワーゲームの様相を帯びてくる。知らず知らず会話は、相手の非や負けを認めさせるためのやりとりになったり、互いが自分の主導権や影響力の大きさを証明し合うかのような争いになったりする。

そして、自分のダメージが大きいほど、我々は、自己の正当性を主張したくなる。ギャバード

(2012）は、患者に仕返しをしたい、あるいは罪悪感を抱かせたいと思うとき、治療者は、自分の発言が治療的であるという自己欺瞞に陥りやすいと述べている。そして、自分のほうが正義だと示したい思いに駆られるとき、我々は相手と関係を築きたいという欲求を否認しているとも言えるだろう（Erskine 1994)。

援助者の野心と罠と隔絶性

インターロッキング・ブロック構造

上述したような心理臨床家の否定的影響が顕わになる展開では、一体何が起きているのか。多くの場合、どちらか一方に原因があるというよりも、すでに両者の内にある各自の「自己感、他者感、世界観」（第2章）が相手を捕まえ、皮肉にも互いに支持し合うように噛み合っている状態になっていると言える（Holtby 1979)。まるで、インターロッキング・ブロックのような構造である。

たとえば、心理臨床家の側に「必要とされる援助者でありたい」という欲求が内在しているとする。それは向社会的に加工され、非行少年や受刑者をあたたかく励ましたり、先取りして不安を鎮める働きかけとなって表現される。少年や受刑者はこれにより一時的に自分の不安を軽減でき、心理臨床家は、非行少年や受刑者から肯定的に評価され満足を得る。一方で、両者の間で強

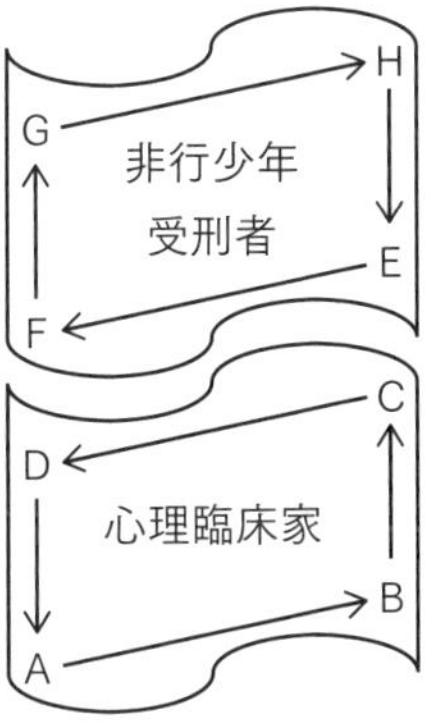

（例）

A　必要とされないことへの不安、孤独への恐れ

B　「重要な役割を果たしたい」という動機

C　世話焼き、親切な関わり

D　対象者からの肯定的評価、満足感に付随する必要とされることへのさらなる動機づけ

E　援助され守られた体験

F　臨床家への肯定的感情、信頼感

G　独りでは何もできない無力感を確認

H　脆弱な自分を守るための依存欲求の高まり、表出

図12　互いが互いを縛り支持する関係（インターロッキング・ブロック構造）

化されるのは、非行少年や受刑者側の「助けがないと何もできない」という無力感であり、心理臨床家側の「親切な援助者でいなければ他者から必要とされない」という不安だったりする（図12）。

あるいは、非行少年や受刑者が親密な関係を恐れているとする。彼らは、これを目の前の相手に「怒り」や「挑発」として表現する。そして、心理臨床家の関わりをうっとうしいとか説教くさいと批判し、その熱心さをばかにする。これが、「自分は場違いな存在かもしれない」という臨床家の発達早期からの不安を刺激し、その反作用で臨床家は自らの正当性を証明し、相手の誤りを正論で論破したい衝動に駆られて行動する。こうして「やりこめられた」非行少年や受刑者は、親密な関係からはますます遠い位置に身を置くことになる。

この事象は、補完的逆転移（complementary countertransference）、投影同一化（projective identification）、逆転移のエナクトメント（countertransference enactment）、ゲーム（game）、あるいは役割応答性（role-responsiveness）など、さまざまな視点から解釈がなされうる（Berne 1964／ギャバード 2012／Gabbard & Wilkinson 2000／Jacobs 1986／ラッカー 1982／Sandler 1976／Zaslavsky & dos Santos 2005）。いずれにしても、心理臨床家個人が内面にもつ、職業的愛他性には親和しない部分から生じている可能性を示すものである。

司法における心理臨床

加害者臨床の場では、とりわけ「法」がきわめて大きな存在となる。非行少年や犯罪者は、法によって拘束され、処遇され、刑罰や保護処分を与えられる。法と心理学は、しばしば対立する性質を有する。法は科学的というより権威的であり、善悪に代表される二分法の性質をもち、ルールは過去の「法の実現」のなかにすでにあり、規範的かつ決定的で、完全性を志向する（Huss 2014）。そして、司法に関わる心理臨床活動は、その異質な性質を相当量帯びながら実践される。これは、我々が、司法の枠組みに縛られつつも、強力な「正当性」に守られながら働いていることを意味している。

また、非行少年や受刑者と我々との関係は、直接の契約関係ではない。端的に言えば、我々は非行少年や受刑者から支払いを受けていない。ステイクホルダーは、納税する国民である。したがって、非行少年や受刑者がどんなに我々の仕事ぶりを気に入らないとしても、それによって我々が彼らに解雇されることはない。

さらに、疾病・障害の治療とは違い、非行や犯罪の場合の「再発」すなわち再犯に関しては、当事者の「自由意思」が重要視されるため、その責任は最終的には行為者、すなわち再犯した彼／彼女たちにあると普通はみなされる。

このような法的枠組みによる環境で、そこで働く心理臨床家は、自らの仕事の「悪」や「失敗」や「独善性」について鈍感になっていく罠に陥る可能性がある。

心理臨床家の抵抗と恥

率直に言って、対人援助職を担う自分に、野心や独善性、力への希求があると認めることは、しばしば抵抗を感じる作業である。我々はできればきれいなイメージに留まりたく、非愛他的で利己的な動機による仕事を醜いと感じるからである。

しかし、ホーキンスとショエット（Hawkins & Shohet 2012）が指摘する通り、専門家として成長するプロセスでは、これらを見つめることがきわめて重要である。訓練課程において、「美しい」表の動機の裏に隠されている自己の部分にできるだけ正直に直面することの重要性は、加害者臨床において、もっともっと強調されてよい。自分のなかの利己性や偽善、それによる失敗や恥を受け入れることは傷つく体験だが、これを否定することが、それらを危険なものに変えていくと筆者は考える。三木（1954）に倣えば、虚栄心や野心は、人間が社会的な存在であることを示す証拠でもある。つまり、我々が専門職を志した源泉であり、専門家として歩みつづけるための原動力たりうるものとして捉え直すことができる。とにかくそれは、そこに在るものなのだ。「百の悪業に催されて自分の罪を感じている悪人よりも、小善根を積んでおのれの悪を認めぬ偽善者のほうが仏の愛にはもれている」（倉田 1927［p.72］）という台詞は、加害者臨床においては、特別に重い意味を有しているように思えてならない。我々は、自分のなかの野心、影、悪、虚栄、偽善、ずるさについて認めることに怠惰であってはいけない。

＊

ランダイク（Landaiche 2014）は、専門家が自らの倫理観に関連して経験する傷つきや恥の感覚を、「社会的痛み」という点から考察している。これらの感覚は、実は生物学的なメカニズムを背景にしているゆえ避けられず、何年経っても心に残り、決して消えないという。だが、その痛みを抱えつづけることは、専門家であるということの一側面でもある。消したくても消せないものを抱えながら、臨床の出会いの場に登場するのは、非行少年や受刑者も、そして我々心理臨床家も同じである。

ロバーツ（Roberts 2001）は、健康な治療者とは、つねに正しいことをする人を指すのではなく、タフで親切で、相手に“yes”と“no”をどのように言うかを知っている（あるいは、それを学びつづける）人のことであると述べている。なんとシンプルで、正鵠を射た言葉だろうか。加害者臨床の専門家の「不実」も、この定義の実現への努力のなかに統合されうるのではないかと筆者は考えている。

第9章　臨床家の利用可能性

就職にまつわる三つのエピソード

自分を語る言葉

上司や知人から、最近、採用面接や大学院の入試面接が面白くないという愚痴を聞く。開かれた質問に対しても、受験者たちは皆、判を押したように同じ答えを述べるらしい。面接で落ちないための回答スキルをマニュアルで予習しているようで、流暢だが定型的であり、多様性を見出しにくいのだそうだ。心理臨床の未来の「金の卵」たちは、自らを語る言葉をもたなくなってきているのか。せっかく自分をアピールできる場なのに、自分という素材を隠してしまう結果になっているとしたら残念である。

とっさの反応

筆者が少年鑑別所で勤めていた頃、面接で時々遭遇する場面があった。それまで自分の話をしていた非行少年から、「聞いていいですか。先生（筆者のこと）は、なんでこの仕事に就いたの？」と、やにわに尋ねられる場面がそれである。どう考えても文脈的に進路相談をもちかける場面ではない。こちらは聴き手であったはずなのに、突然スポットライトを当てられたように感じ、びっくりする。苦し紛れに「え？　なぜ就いたか？　なぜ続けているかではなく？」などと時間稼ぎ作戦に出ると、彼らは「あ、それでもいいですよ」とたいてい譲歩してくれる。しかし、筆者がしどろもどろな答えに終始すると、呆れ顔で（たまに舌打ちつきで）、しかし口許を緩ませながら、彼らはそれも許してくれるのだった。つまり、彼らは、何かを聞きたいわけではない。何かを伝えたいのである。だから、筆者も答えられないことにあまり罪悪感を抱かない（しかし、もしもこれが採用面接なら、筆者は確実に不合格であろう）。

「はい、ではそこに腰かけてください」

ひとつ前の職場にいたとき、三年間ほど「配役」に関する仕事をしていた。「配役」というのは、簡単に言えば「受刑者たちの働き所探し」で、懲役刑となった受刑者たちがこれから所属する工場（刑務作業の場）を選んでいく職務である。最終的な彼らの「職場」は処遇審査会という刑務所の会議で決められるのだが、筆者の任務は、この会議に先立ってあらかじめ受刑者のさまざまな資料に目を通し、短い面接を行ない、会議の資料を作ることだった。処遇審査会では、受刑者自身が幹部職員たちと直接短い面談をすることになっている。いわば、刑務所の採用面接のようなもので、受刑者は大変緊張する場面である。

さて、会議中の筆者の仕事は、いたって簡単なものだった。部屋の端に位置して一人ずつ受刑者を招き入れ、着席させればよい。入室したら、「はい、ではそこに腰かけてください」と言うだけである。

筆者の関心は、そのセリフを毎回どんなふうに言うかにあった。一回たった三秒ほどの事務的な関わりである。しかし、準備の過程で知った受刑者の生活歴や特性などを念頭に置きつつ、彼らが入室するときの様子を見てから、一瞬の判断で言い方を工夫する。テンポ、声のトーン、抑揚、視線などに変化をつけるか、あるいは「はい、それでは、そちらの椅子に座りましょう」「じゃあ座ってください、その椅子に」「はーい、ではぁ……」などと言い回しを変えてみるか。その場に立ち現われる受刑者の緊張に呼応しつつ、しかし、彼らが少しでも落ち着くようにと願いながら言う。この三秒勝負は、毎回筆者の密かな挑戦であり、また楽しみでもあった。

心理臨床家の「主体」再考

主体と主体の相互性

一見ばらばらに見える上述の三つのエピソードは、心理臨床家の「主体」という局面をそれぞれ表わしている。自分を定義し、語る言葉をもつこと。対象者からの不意の働きかけに「生身の自分」として反応し、相手を受け入れ、相手に受け入れてもらうこと。今ここの短い平凡な関わりに本質的な意味を見出すこと。いずれも「今生きている」私の「主体」の発動が関わっている。筆者は、加害者臨床においては特に、心理臨床家の「主体」を重視したいと考えている。非行少年や犯罪者（筆者の場合、受刑者）たちの話を聞くばかりでなく、彼らの表現するものに対して、筆者が自ら感じ、考え、理解する主体であることを強調する。

なぜ、心理臨床家の「主体」という局面は重要なのか。それは、出会いの場における相互性の保証のためである。面接室で筆者という主体がもつ感情、思考、行動は、必ず目の前の対象者から影響を受け、同様に主体としての筆者が何を感じ、どう考え、行動するかは、必ず彼らに何らかの影響を与える。主体は、他の主体との関係において成り立つ（鯨岡 2006）。そして、一人で事象を見る限りでは見えづらい点を、互いに相手の視点を借りることで可視化していく。心理臨床家である私という主体がもつ主観は、「相手がいることには意味がある」という意味においてクライエントにとって重要なのである（森岡 2005）。

非行少年や受刑者が心理臨床の場で自分の人生を理解し、未来の人生を変えたいと思い、あるいは過去と未来の自分に責任をもとうとするのは、相互のやりとり、間主観的やりとりがあるときである。だから、彼らと関わる心理臨床家は、対話において、彼らの内面をそのままに映し出す「鏡」のような存在である以前に、自分の感情、思考、行動をもった実体ある「相手」である必要がある（第7章）。加害者臨床における治療的・教育的な関わりとは、司法・矯正という特別な枠組みのなかで展開される相互交流から成り立つ。この相互交流が保証されるところで、彼らは自分の人生と自分の起こした事件の主観的意味づけを行ない、そして変容していく（奥村 2012）。

「私」の道具性

専門家とは、己を専門家たらしめる何らかの道具を持つものである。料理人は包丁や鍋を持ち、大工は鑿や鉋を使う。心理臨床家の使う道具は、まず、自分自身である。なぜなら、上述のように、我々が対象者に変化を促せるのは、我々が主観と意図をもつ主体として、主体である彼らに接するときだからである。

相手に対する我々の理解の質は、我々自身の個人的な要素によって変わりうる（ジェニキー 2014）。たとえば、対象者への筆者の理解は、筆者が寝不足のときと、離れて住む親と前日電話で話したときと、感動的な映画を観た直後と、上司や同僚とのやりとりで軽く傷ついたときとでは違うだろう。普段の余暇の過ごし方、同居家族、好きな食べ物といったものも、我々の理解の質をある程度規定する。

したがって、この「道具」の性質を知り、手入れをしておくことは、大変重要だと言える。道具として使おうと奨励しているのではない。我々は、自分というこの道具を使わずには仕事ができず、たとえその気はなくとも対象者と関わっているときには、すでに自分という道具を使っているのである。治療的な関わりには、心理臨床家が自分を使うことが絶対に必要である（Hargaden & Sills 2002）。

より砕けた表現をすれば、「私」はどのような言葉遣いを好み、どのような光景に情緒が揺さぶられ、どのような相手には歯が立たないと感じ、嫌悪（あるいは怒り、親近感）を感じた相手にどう振る舞うのか。どのような話題だと、相手の話を聴くことから離れて、自分を守ることに没入しやすいのか。これらを知ろうとする態度をもつことは、加害者臨床領域で仕事をするとき、若年者のみならず、そこそこに経験を積んだ人にも役に立つのではないかと思う。

今回、自分をモニターするためのシートを提案する（図13）。科学的な根拠は度外視した経験則によるものであるが、一瞥するだけでなく、実際に言葉で表現したらどのような内容になるか、興味のある方には、ぜひ試していただきたい。

モニター・シート

1　私は、面接の最中、自分のことによく気づけるほうか？

はい　・　いいえ

2　私は、どのような感情をよく抱きがちか？　あるいは最も縁遠い感情は？

悲しみ　・　怒り　・　喜び　・　恐怖　・　その他

3　私の好きな（関わりに積極的になれる）クライエントのタイプは？

4　逆に、会うのに気の進まない苦手なタイプは？

5　私が最も情緒的に揺さぶられる話題は？　そしてその場面で、私は相手にもっと接近したくなるか、離れにくくなるか？

6　私にとって最も嫌気がさす話題は？

性　・　暴力　・　虐待　・　介護　・　借金　・　障害　・　劣等感　・　その他

7　「わからない」と、つい頭を抱えてしまいたくなる対象者は？

8　このシートを記入して、私にわかることは？

図13　自分自身を振り返るモニター・シート

「私」の歴史性

自分という資源には、歴史がある。聴き手となる心理臨床家が深い理解によって対象者の変化を促そうとするとき、それは、心理臨床家が自分の人生を生きてきた一人の人間として、他者である相手を理解することを意味する。だから、我々のほんの些細な関わり（たとえば、たった三秒の言葉かけ）にも、そこには主体としての「私」の歴史が凝縮されて現われうる。先に示した「モニター・シート」の行間や余白には、臨床家自身の生い立ち（例――どのような親に育てられ、どのような対象関係を経験したか）、情緒的に未消化な出来事（例――友人とのトラブル、親しい人との悲しい別れ）、幼い頃からずっと抱いてきた自己イメージ、さまざまな感情を伴う認知体系などが、複雑な模様をなした「地」として書き込まれている。この歴史が、知らず知らず、日々の我々の臨床活動に反映される。

したがって、我々が主体として育ってきた歴史を学ぶことは、「道具性」をより発揮する道につながる。たとえば筆者は、いわゆる下町生まれの下町育ちであるが、下町というのは、良くも悪くも多様性に寛容な文化をもつ。子ども時代、周りを見回せば、立派な人、子どもから見てもどうしようもないと思える人、元気な人、病んでいる人など雑多であり、枠から外れることへの耐性は、比較的高い雰囲気だった。こういうものを非言語的なレベルで経験してきたことは、筆者の今の仕事ぶりに疑いなく甚大な影響を及ぼしている。いわんや、より個人的な歴史は推して知るべしと言えよう。

ところが、自分の歴史と自分の仕事の接点を考えることを敬遠したがる専門家は少なくない。その接点に目を向けることは、それまで自分が見ないできた、隠してきた、嫌ってきた自己の側面を前景に出すことにもなりかねず（否、おそらくそうなる）、えも言われぬ不安や不全感、嫌悪感などにさいなまれるからである。人間の内には、容易に認められる肯定的な部分とともに、そうでない部分もあり、そのなかにはどんな否定的な情緒、認知、記憶がこびりついていないとも限らない。これらにわざわざ好んで触れることは、たしかに快い体験ではない。対人援助職としての善い自己イメージと両立しないため、自分のなかにそうしたものが存在すると受け入れることに抵抗を感じる人もいるだろう。

しかし、実は、これは大変にもったいないことである。なぜなら、我々自身が、心理臨床の仕事における資源なのだから。心理臨床家が対象者の表現することに共鳴・共振できるとすれば、それは、臨床家自身の過去の体験と、それに密接に結びついている「自己感、他者感、世界観」（第2章）を通してである。だとすれば、自分の臆病さ、ずるさ、底意地の悪さ、独善的で利己的な面は、人間の汚い部分、影の部分をたくさん見たり聞いたりしなければならないこの臨床現場において、相手をよく見るための虫眼鏡になり、障害を察知する赤外線センサーになり、交流する無線通信ポートとなりうるのである。そう考えると、自分のなかの最も嫌悪すべき部分が、相手を深く理解するためのものとして再利用（reuse）できることになる。

変化に寄り添う

情緒的理解

加害者臨床でも、他の領域と同様、多くの心理臨床家は、対象者への情緒的理解を目指そうとする。大切なことは、こちらが情緒的な色彩で理解できるかということよりも、彼らが理解されたと情緒的に感じるかということである。もしかしたら、情緒的理解だとか共感という言葉が、非行や犯罪を繰り返す人たちとうまく結びつかないと考える人もいるかもしれない。しかし、非行少年や犯罪者は情緒的共感性が低いわけでも、情緒的な相互理解ができないわけでもない（Jollife & Murray 2012）。ただ、非行少年や犯罪者たちには、こうした情緒的相互理解を体験する機会がほかよりも少なかった可能性がある。したがって、彼らを我々が情緒性をもって深く理解するということは、それだけで治療的な意味をもちうる。これは、楽ではないが、わくわくする作業ではある。

対象者に対して十分に情緒的に関われること、積極的、応答的、共感的理解に関われる準備状態にあることを、オレンジ（Orange 1995）は「情緒的アヴェイラビリティ（Emotional Availability）」という概念で説明した。彼女によれば、治療者側のこの情緒的アヴェイラビリティを通して、クライエントは自分の内面を知り、感じ、理解する。非行少年や受刑者に引きつけて言い直せば、彼らは、我々の情緒的アヴェイラビリティを探しあてたとき、自分の感情、思考、行動、人生、そして過去の加害行為を、主体的に知り、評価することができるようになる。つまり、逮捕されたり、受刑者となったりした後であっても、彼らの過去の語りを聴くことは、彼らが今まで深く顧みなかった人生を、遅まきながら顧みて自分のものとして引き受けること、つまり主体として立つことを可能にしうる（Orange 1995）。

応答的なやりとり

「先生は、小学校のときの図工の先生に似ている」——これも、筆者が非行少年や少年受刑者に時々言われた言葉だった。場合により、「はす向かいのおばさん」「かかりつけ病院の薬剤師さん」などと、いくつかバリエーションがあるのだが、とにかく顔が似ているというのだ。どうやらよくある顔らしい。幸いこれまで言語化して教えてくれるケースは、「殺したいほど憎い」相手ではないようなので少し救われている（逆に最高によい人だったということも、残念ながら、ない）。

ともかくも、この興味深い発言に、まだ経験が浅いときは、その人はどのような人だったのかなどとあれこれ尋ねたものだった。しかし、彼らの描写はたいていぼやっとしており、はっきりしているのは性別くらいで、年の頃とか、人柄などはわからない。「髪が長かった」と言われたこともあり、当時ショートカットだった筆者が聞いても、ますます困惑するばかりだった。いつの頃からか、筆者はこうしたときに、「そう?」とだけ応答するようになった。深入りせず、コメントもせず、そこから伝わってくる彼のもつイメージをそのまま漂わせておく。ちょっといい加減な調律くらいがよい按配であることを学習した。筆者が、彼らとの相互調整の結果、変わったのだ。そして、そういういい加減な調律が自然にできたとき、筆者は落ち着いており、個としての自分とその場でのあり方がすっきりと一致していることを感じる。さらに、この場面の後、非行少年や受刑者の側に、自然な形で新しい認知が生まれたりするので興味深い。彼らが、今ここの関係性に慣れ、過去のよい関係性を想起し、それを共有してもよい気分になっていることは、もっと重要なものを共有する準備ができつつあることを示しているのだろう。情緒的アヴェイラビリティは、こういう小さなエピソードにこそ現われる。

取扱い上の注意事項

心理臨床活動において、一個の主体としての自分を使うことについて書いてきた。しかし、これをむやみに実践すると、大きな危険を招くことにもなる点に触れておきたい。対象者－臨床家の双方にとっての危険を回避するためには、取扱い上、留意せねばならないことはもちろんある。

第一に、感じ、考え、行動する主体としての自分を使うということは、それらを臨床場面においていつでも尊重してよいという意味ではない。自分を使う、特にそれらを表現するのは、それが対象者にとって役に立つときである。これを意識していないと、自分を通して対象者を見ようとしていたつもりが、いつのまにか相手を使って自分を見ていることになってしまう。これは、誤用（abuse）であり、治療でも査定でも起こりうる。辻（2000）の指摘する通り、主観的に相手に関わっていくことは、相手に寄り添っているようで、結局自分に寄り添っているだけになる危険と同居している。

第二に、相互交流を実現する主体であれということは、二者の関係が対等・対称であるということを意味しない。専門家の側には、理論と経験と技術にバックアップを受けた深みと厚みがあるはずであり（鯨岡 2006）、対象者を保護しながら、契約に則って目標に近づいていけるよう相互交流を促す責任がある。

第三に、自分の弱点に蓋をしないということは、対象者に対して具体的な自己表現をするか否かにかかわらず、一種の「自己漏洩」につながる危険がある。加害者臨床においては、特に気をつけなければならない。反社会性のある人たちの一部は、相手の弱みを察知すると、それ自体で自分の弱小感や不安が刺激され、その反動として生じる反発的衝動を内に溜めておくことが難しい。このため、相手の弱みをつつくことをためらわないことがある。また、悪意をもった人にとってみれば、心理臨床家の「人間らしい」弱みは、翻弄、挑発、籠絡の端緒となりうる。

第四に、自分の情緒的体験に対する反応性を上げるということは、自分の内的生活がそれだけ危機にさらされ、安定を失う危険にもつながる。上述のモニター・シートには表われない、意識されざる情動世界に入り込みすぎないためには、自分に合ったスーパーヴァイザーの存在が大きな役割を果たすだろう。

出会った瞬間から、人と人は互いに影響し合い、相互に制御し合うプロセスにある（Jaenicke 2010）。否、生まれた瞬間から、おびただしい数の経験の共有を積み重ねて、間主観的な経験と学習のなかで成長するのが人間であり、こうしたプロセスでしか、人は育たない（Trevarthen 2010）。もちろん心理臨床家の成長も、この相互プロセスのなかにある。

＊

冒頭のエピソードに還ろう。いろいろな非行少年や受刑者と出会うなかで、心理臨床家としての「今の私」はどんどん変化していく。今の自分をどのように語ることができるのかという課題は、何も入試や就職試験の受験者だけのものではないのかもしれない。

「あなた」―「私」という順で考えてきた本書も、あと三章となった。次章からは、これまでの論を踏まえた新たな局面、「わたしたち」についてさまざまな視点から考えていく。

第3部　「わたしたち」という関係

第10章　仲間・異業種

私を取り巻く異業種

職場に対する満足感は、仕事の内容や誇りといったものに加え、同僚・上司・部下などとの関係にも左右される。なかでも、共に働く異業種への敬意がある職場は、たいていの場合、働き甲斐のある職場である。

加害者臨床の現場では、他の心理臨床領域と同様、さまざまな職種との協力が仕事の前提にある。警察に勤める心理臨床家であれば警察官や他の技術・研究職と、裁判所であれば裁判官や書記官などとの協働があるだろう。筆者の働く矯正領域では、刑務官、法務教官、社会福祉士、医療スタッフといった職種が共に働いている（図14）。

たとえば、刑務所には「刑務官」がいる。彼らは刑務所職員の大半を占め、保安的側面と処遇的側面を同時に担う。つまり、受刑者と最も多くのコンタクトをもつ。なかでも、懲役受刑者が

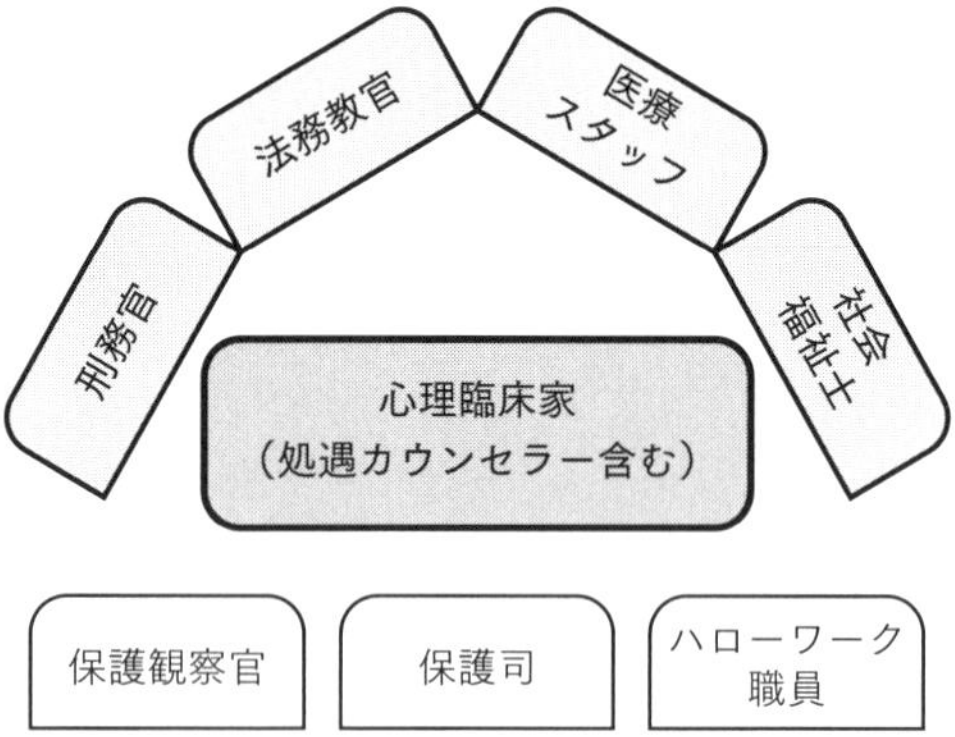

図14　心理臨床家を取り巻く矯正（刑事）施設内の他職種

（注1）矯正領域におけるすべての職種を示したものではない。
（注2）わかりやすくするために、心理臨床家を中心に置いて図示してある。
（注3）法務教官やその他の職種にも、心理臨床に係る資格を有する者はいる。

毎日働く「工場」や彼らが生活する居室棟を担当する刑務官は、「担当さん」などと呼ばれ、ときどきドラマや映画にも登場するので、多くの人がイメージしやすいかもしれない。刑務官は、規律ある生活環境を維持する役割上、厳しい目で受刑者に接するのだが、受刑者たちからは結構慕われていることが多く（「オヤジ」などと（非公式に）呼ばれることも、そうした関係性を物語る）、筆者はこれまで多くを教えられてきた。

本章では、こうした異業種の職能集団を眺め、ここから我々が学べるものについて考えていきたい。なぜなら心理臨床の実践の本質は、しばしば異業種の専門家の仕事のなかにも見出せるからである。

仲間の仕事を見る機会

査定の本質

以前、少年鑑別所で働いていたとき、中等度の知的能力障害のE君が入所してきた。母親はおらず、父親は留置場、弟は彼よりも重い障害でずっと施設で暮らしているという。E君の会話力は大変乏しく、面接で得られる情報は限られていた。集団の動きについていくことも難しかった。

彼が野球のグローブに関心を示していることを発見したのは、A教官であった。A教官が毎日個別に彼とキャッチボールをすることになったのだが、そこで体育の教員免許をもっていたA教官の眼力が発揮され、E君の身体能力についてさまざまなことがわかってきた。たとえば、ボールの投げ方、取り方に始まり、四肢の協応、他者の動きへの対応力、手先の器用さ、機敏さ、系列的な課題の遂行力といったものである。こうした「できる・できないリスト」は、後の家庭裁判所の審判、その後の保護観察処遇において、有効な資料となった。

さらにA教官はキャッチボールのなかで、E君の生活歴について相当量の情報を得るようになっていた。唯一の保護者である父親が、子どもの頃、彼によくキャッチボールを教えてくれたこともわかった。会話が可能になるには共有体験の増加という条件が満たさなければならないとする中井（中井・神田橋 2012）の指摘を、見事に具現した例であった。そして、査定とは面接室の外でもダイナミックに展開しうることを、筆者はA教官とE君から学ばせてもらった。

なお、余談だが、このE君はA教官のことが大好きになってしまった。そのおかげで、在所中、彼の心情は安定していた。唯一困ったのは、A教官を見かけると、彼は満面の笑みでA教官に体当たりしようとすることだった。不意打ちを食らわされたA教官は転倒しそうになっていたが、上述のような文脈を理解していなければ、これは立派な「職員暴行」になりかねず、当時周りも苦笑いしたものである。

介入は一瞬

B刑務官は、かつて筆者が担当していた少年受刑者が所属する工場の担当であった。B刑務官が彼の日常の面倒を見る一方、筆者は彼と定期的な心理面接を行なっていた。

さて、この受刑者は、数年の間で少しずつ成長し、自分と両親との関係についても考えられるようになってきた。しかし、出所後に親許に戻るべきか否かという問題を巡って、家族への複雑な思い、両親側の計り知れない思いについて、どうも整理しかねていた。家には戻らないほうがよいのではないか、それなら遠方から何度も面会に来てもらうのは申し訳ない、重大事件を起こした自分は親からすれば彼らの人生を破壊した憎しみの対象に違いないなどと、悩みは深まるばかりだった。それでも、こうした問題について真剣に考えはじめたことは、彼にとっては大きな成長に違いなかった。筆者は面接で彼の話に耳を傾け、本人の思考の流れに根気よく付き合い、受容しつつ熟考を促し、自分自身で答えを出すよう励ましていた。

ところが、B刑務官は同じ話を彼から聞いて、こう言っただけだった――「えぇ～⁇　そーお？・」。

このセリフを、できるだけ抑揚をつけ、少しおどけた調子も入れ込みながら読んでほしい。受刑者も筆者も、これにはあっけにとられてしまった。本人が長い時間をかけて真剣に考えていることを（筆者だって何時間も誠意をもって聴いてきた話を）、B刑務官はこの一言で終わらせてしまった。

ご想像の通り、その後、合計数時間の臨床面接よりも、B刑務官のこの一言のほうが威力があった。この受刑者は、自分の独善的思考傾向、そしてそれこそが自分の犯した事件にもつながっていること、親を思いやっている振りをしながら実は親と対峙することを避けたかったことなどを、次々洞察するようになった。「えぇ～⁇　そーお？・」の一言は、B刑務官が彼の話を聴いて理解していること、しかし賛同できないこと、親には親なりの思いや立場があるだろうこと、B刑務官にはご両親の「親心」も見えていること、そして、今の本人は深刻に考えているかもしれないが所詮は〝ドラ息子〟の甘えに過ぎないこと、世の中には、否、彼自身にも、もっと深刻な問題はたくさんあるのだということを、彼を否定することなく、一言で伝えていた。

もうひとつの例である。C教官は、ある日、複数の受刑者が、工場内でのいざこざで揉めている場面に現われた。しばらくどちらの味方もせずに聞いていたが、話はこじれ、受刑者たちは、互いにこの苛立ちが相手のせいだと感じはじめていた。まさに言い合いになろうかという瞬間（工場内で暴行事案になれば一大事である！）、C教官が最も古参のある受刑者にこう言った。「おい、今、自分（二人称）かっこ悪いな」。熱い議論（否、水掛け論とも表現できる）は、一瞬で沈黙に変わった。その後、彼らは数分で、問題の解決策を自分たちで見出した。
何が起こったのか。あの一言が、あのタイミングでなぜ重要だったのか。なんだか言葉にするのは野暮ったいくらい、見事な介入であった。

「見守る」と「動かす」

D刑務官が切り盛りする工場には、四〇～五〇人の受刑者がいた。D刑務官は、怒ると本当におっかないが、普段は穏やかで明るく、言葉遣いは職員にも受刑者にも丁寧で、受け持ちの受刑者のことをとても気にかける人だった。動静が気になる受刑者がいると、「ちょっと話を聞いてやってほしい」と電話をかけてきてくれるので、筆者は面接の予約を取る。多くの場合、面接した受刑者たちは何かに悩んでいたり、迷っていたり、時には死んでしまおうかと考えたりしていた。筆者が必死に聴き出さなくても、彼らはそれらを何とか言語化できるようになっており、絶妙なタイミングでD刑務官が電話をくれたことが実感できた。
不思議だったのは、この工場に入った受刑者が、半年くらいするうちに変わってくることだった。一言で言うと、相手の気持ちを察して動くようになる、少なくとも察して動こうとするようになってくるのである。他者が言葉にしていない部分を、自分で想像して行動することは、多くの受刑者がそれまでの人生でしないですませてきたことである。土居（1992）は、共感について述べるなかで、人が「察する」ときがまさしく“empathy”が働く場であるという。そして、察する力が身につくと、反則を繰り返してきた受刑者も、懲罰を受ける回数が減っていくのだった。モデリングの効果と言ってしまえば簡単だが、数十人に対してこれを可能にするのは、なかなかできるものではない。D刑務官に尋ねると、「いやぁ、俺が頼りない分、彼らがしっかりしちゃうのかな」などと、いつもの調子で穏やかな答えが返ってくる。「治療者が一歩下がってコントロールの姿勢から退いているほど〔筆者注――コントロールしていないということとは違う〕治療は楽に進む」という中井（中井・神田橋 2012）の言葉は、この工場で起こっていることをよく説明しているように思われた。

また、E教官は、性犯罪者に対する教育プログラムの指導者を長年務めてきた。性犯罪再犯防止プログラムの内容については法務省のサイトなどを参照されたいが、性犯罪者の多くは、内省すること、他者に自分の内面を開示すること、他者と親密な関係に入ることを避けつづけてきている（Marshall et al. 2006）。特に累犯者とあっては、そういう自分が変わりうるということを、とうの昔に諦めてしまった人も少なくない。このためグループは最初のうち、抵抗、拒否、挑発、無気力などで彩られる。あるいは、表面だけ模範的に振る舞い、何とかプログラムをやりすごそうとする者もいる。E教官のグループでは、こうした彼らの情動、認知、決めつけ、偽装を受け止めつつ、E教官の内面に生じる情動、認知、連想、内省も、グループの素材として提示される。反社会性のある人とのグループワークで、参加者の後ろに多くの見えない被害者がいることを意識しながら、これをやり抜くことは、受刑者たちの抵抗に耐えることよりもある意味きつい作業かもしれない。しかし、受刑者が持ち込むもの、E教官が持ち込むものは、どちらも「生」のものなので、つねに双方の内面を波立たせる効果がある。安全に守られた場で波が立つことは、受刑者たちが自分自身の内面に秘めていたものに初めて気づき、凝視する流れを生む。筆者はその頃、プログラム受講の効果について調査する面接を受刑者に行なうことがあった。彼らの多くが「グループが終わったのは残念だ」と述べていた。彼らの再犯防止に向けての課題達成が未完であることを示しているとも言えるが、筆者の目には、彼らが生きることに以前よりも真剣になっているように映ったものだった。

受刑する意味以上の意味

F刑務官は人格者……では実はない。むしろ、よく怒り、愚痴をこぼし、ときどき失敗もする。しかし彼は、百名もの人員を擁する大きな工場の担当で、受刑者たちとのやりとりを楽しめる余裕のある人だった。ある日、比較的重い自閉スペクトラム症の受刑者が彼の工場に入ってきた。職員との会話はほとんど成り立たず、視線も合わなかった。刑務所の細かなルールには従えず、説明してもこちらが期待したようには理解できないし、ルールがあると意識するのさえ難しいようだった。最初のうちは食事にも一時間かかっていた。

集団行動が基本の刑務所において、集団行動ができないことは、疑いなく相当のハンディキャップである。少ない手数で処遇する側にとっても、彼を集団内で生活させることはかなりの重荷であった。工場担当職員が彼だけを特別扱いしては、他の九九人の受刑者が不満を抱かないとも限らない。処遇に対する不満は、その後、保安上の問題に発展するおそれがあるため、刑務所では非常に気を使う部分である。

しかし、いくつもの工場を束ねる主任クラスの刑務官とF刑務官は、入念なプランを組んで、この難題に挑んだ。案の定、しばらくは、この受刑者の全く規格外の行動が（それにいかに手を焼いたかというエピソードとともに）毎日報告された。そのたび処遇陣は知恵を絞り、「明日はこの手でいってみよう」などと、しぶとく、もうほとんど意地で（と思えるくらいに）休みなく関わった。刑務官たちは、この受刑者に事件への反省を強いず、周りの皆と同じように動くことも求めていなかった。ただ、罪を犯して受刑者となった彼に、自分の責務（刑に服するということ）を全うさせようとしていた。

数カ月後、周りの受刑者が、彼の扱い方、彼との付き合い方を覚えてきた。しかも信じられないことに、彼には「友達」ができた。否、誤解のないよう言い直せば、休憩時間におしゃべりをする相手と、運動時間に一緒にジョギングする相手ができた。「友達」のほうも、この受刑者に関する新たな発見を、嬉しそうにF刑務官に報告に来るなどしており、工場も、不満分子を以前ほど心配しなくてすむ雰囲気になった。

釈放の日、この受刑者は自分を送り出してくれるF刑務官に、そろそろと手を伸ばし、沈黙のうちに握手を求めてきたという。「あいつにはたくさん驚かされたが、最後が一番驚いた」とF刑務官は語った。

心理臨床の本質を探す

同僚たちのセンスと力

筆者は、異業種の仲間から、臨床実践のヒントとして何を学んできたと言えるだろうか。

加害者臨床における心理臨床家の最も重要な役割のひとつは、法を逸脱したとされる人たちを正しく知ることである。「知ること」は、「理解すること」の前提である一方で、「共にある時間を経験すること」とほぼ同義であるようにも思える。彼らと共に在ることは、たとえそれが毎日同じことの繰り返しのように見えても、また流暢な会話が成立しなくても、経験の共有という圧倒的な事実となる。そうしたローカルなレベルで紡がれる関係性（Boston Change Process Study Group 2010）は、相手を理解するための間主観的な世界の構成を保証する。だから、対象者と共に在るという経験をもっている同僚たちの力は、筆者にとって当てにできるものである。

また現場には、受容と傾聴だけでは不十分な場面がたくさんある。心理臨床家の多くは、長期間にわたる専門教育の影響で、対象者の発話を、時には沈黙も、価値があるものとして聴き、解釈し、受け止めようとする。そして、効果的な介入を行なうには、まず正しい見立て、しばしば言語的に説明可能な見立てを行なおうとする。それ自体は間違っているわけではないのだが、一方で、十分な傾聴や十分な査定を保証するよりも、相手に何かを伝えること、働きかけることが優先される場面は結構多い。また、受容とは正反対の関わりが求められるときもある。

さらに、相手に何かを伝え、表現していくタイミングは、自分と相手とのその場の心理的なフォーメーションにより変わりうる。この判断は、あらかじめマニュアル化することが大変難しい。神田橋（2005）は、実際にそのケースに責任を負っている人がする見立ての大半は勘であり、勘を導く所見はプレ・バーバルだと述べている。また、山本（2012）は、クライエントとのやりとりの場面では、目の前の患者と自分の縁でその時々の答えがあるともいう。そして、このタイミングは、自分と相手のことがよくわかっていなければ探し出せない。刑務所の職員は、多くが武道（柔道、剣道）に精励しているが、彼らの姿を見ていると、受刑者とのやりとりで発揮される一瞬の判断力は、こうした場で養われるのかとも思えてくる。戦う相手に敬意を払いつつ、自他をよく覚知し、勝負は一瞬で決めるという経験が、間を読む訓練になっているようである。

脚下照顧《きゃっかしょうこ》

異業種の同僚と働くことは、もう一人の専門家としての自分について思いを巡らせるきっかけになる。これまで述べてきたような魅力的な同僚たちと共に働く専門家として、我々は、一体何を身につけるべきなのだろうか。彼らとの協働から得られるものを、我々は何に生かしていくのか。

非行少年や受刑者と関わる仕事において、心理臨床家独自の貢献は、無論、共感的理解や受容といったものも含まれるだろうが、最終的には、人の心や問題行動を扱う理論と技術の修練によってなされると思う。理論は、知の積み重ねから成り、多くの事例に共通する原理の普遍化を可能にし、対象者に起こる次の展開を推測することを可能にする。すなわち、非行少年や受刑者の変化の道程において、彼らを前に進みやすくさせる力がある。理論はさらに、自分以外の人に何が起きているかを伝える道具である。同じ知識を共有している者同士であれば、特定の言葉で定義される現象への共通理解が可能になる。変化を促す技術も、ある程度定型化された（ただし修正可能な）知の応用である。一定の手順を覚えて踏むことで、効率的に問題を解決することができるはずである。

しかし、理論を突き詰めさえすれば、我々の専門性が開花するとは限らない。理論や技術の獲得のみに突き進むことは、現場で起こること、実体あるものから遠ざかり、抽象論で生身の人間を見る構えを強くする。かといって、現場で起こることへの対応のみに終始していれば、場面の個別性と一回性を強調することはできても、彼の人生に何が起こっているのか、その意味を全体的視野から知ることはおろそかになる。我々が対象者と何かを体験していたとしても、これを俯瞰できなければ、その関わりは、結局どこにもたどりつかない結果になる可能性もある。筆者は、こうした専門性に関わるある種の誤謬主義（Fallibilism）を抱えながら、相反する志向性の間でバランスを取るというより、自由に動き回れる力を身につけることがよいのではないかと考える（図

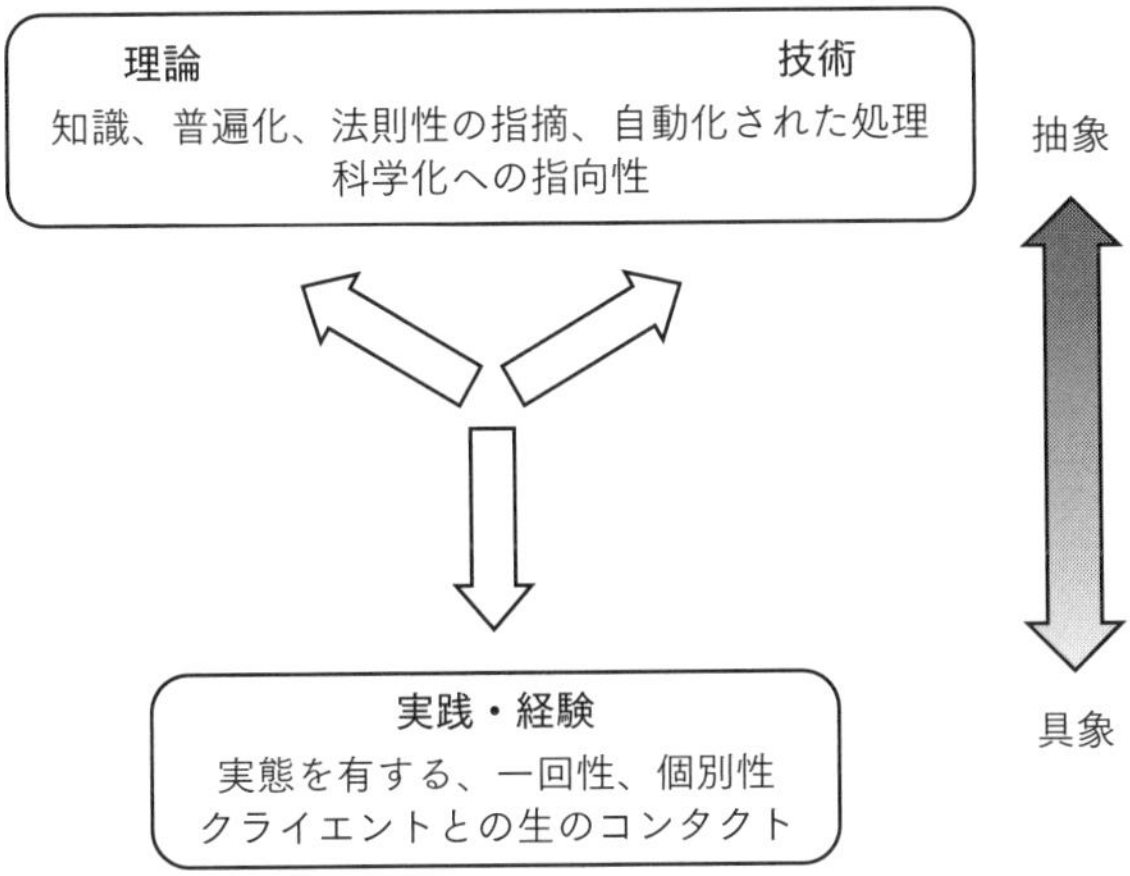

図15　臨床活動の三つの極

15)。オレンジ（Orange 1995）の言葉を借りれば、理論と技術を懸命に身につけつつも、実務の現場ではこれらを傍らに置くに留め、実際に起こっていること、その場にあるものをありのままに見ていくことが、我々に課された課題であると言える。

仲間を受け入れること

異業種が混じり合う職場は、いろいろな力が働き、時に大きな成果を上げる。しかし、立場とバックグランドが違う者同士が共に働くのは、決してやさしいことではない。特に、心理臨床家にとっては、自分の職種が多数派であるという職場は稀であろう。加害者臨床においても、心理臨床的な仕事が多業種からなる同僚集団に十分理解されているとはまだ言えない状況である。さらに、この領域で働く心理臨床家のほうも、共に働く異業種の職域、価値観、苦労、潜在力を十分理解しているとは言い切れない。組織が大きくなればなるほど、セクショナリズムも強くなるのは当然かもしれず、組織に伝統や歴史があれば、構造は頑健になる分異種なものが融合するまでには長い時間がかかる（我が国の刑務所や裁判所について言えば、なんと律令時代から存在するのだ！）。つまり、協働は、誤解や衝突の連続のなかで進んでいく。

加えて、協働が難しいのは、何も異業種間だけではない。日本の刑事施設に民間の心理職（現在は、処遇カウンセラーと呼ばれる）が入ったとき、同じ心理職でありながら、矯正界で育った常勤職と外部の文化で育った心理職とでは、依って立つ価値観の相違が明らかだった。相互尊重と協働の風土が定着してきたのは、ごく最近のことである。

＊

心理臨床家が、同僚、とりわけ異業種との関わりから学べるものは計り知れない。敬意を抱ける他領域の同僚がいるということは、困難はあっても、恵まれていることである。神田橋（1990）によれば、専門家の訓練において、師匠は同じ領域のものである必要はないとのことだが、筆者はこれに賛成である。

他方、我々自身は、彼らにとってどのような存在なのだろう。与えてもらうばかりでなく、我々が非行少年や受刑者の処遇において異業種の同僚たちに貢献できる部分は何であろう。ともあれ、多くの者が一定の目的を共有する組織のなかで心理臨床家が認められていくには、相互理解に加えて、我々自身の自己成長と、次の世代を育てる努力が絶対不可欠である。

第11章　トレーニングとしてのスーパーヴィジョン

指導・育成・スーパーヴィジョン

この原稿をまさに書き上げようというとき、筆者の職場では、採用試験が行なわれていた。黒いスーツに身を包んだ多くの若者たちは、全身から漏れ出ている不安も含めてまぶしく映る。就職には志願して入るという本人の意思が介在するが、その後の専門家の成長過程は、本人の思い以外の要素が非常に大きく影響する。多くの場合は、まさしく縁としか言いようのない出会いや巡り合わせに始まり、それらに支えられてキャリアができる。となれば、若手を迎える側に課される「育てる」責任は、過小評価できない事柄である。

育成は古くて新しい問題

人材育成は組織の義務である。筆者の働く矯正領域において、対人援助職の「指導」「養成」の重要性は、すでに明治時代に指摘されているが（鈴木 1890）、心理職のスーパーヴィジョン（以下、SV）という用語が多用されるようになったのは、ここ二、三〇年のことである。多用というより濫用と表現したほうがよいかもしれず、用語の普及とともにかなりラフな使い方がなされているように思われる。スーパーヴァイザー（以下、SVor）を名乗っていながら、SVについて語れない人に会うこともある。

愚痴っぽくて恐縮だが、それは、筆者が加害者臨床のトレーニングについて非常に真剣に考えているからで、本章はそうした情緒的思い入れも一緒に表現したものとして読んでいただきたい。

スーパーヴィジョンの位置づけ

一九世紀の欧米で登場したとされるSVという概念は、二〇世紀初頭から精神分析や社会福祉領域で発展し、心理臨床や他の領域にも使われるようになった。SVは本来「上から見ること」を意味する語で、通常、SVorとスーパーヴァイジー（以下、SVee）の間には縦の力関係が想定される。両者が同じ組織にいる場合には、臨床活動の対象者に対する最終責任は、実際にケースを担当するSVeeではなく、SVorが負う。

SVの類義語として、指導、育成、訓練、養成、トレーニング、チュートリアル、メンターシッ

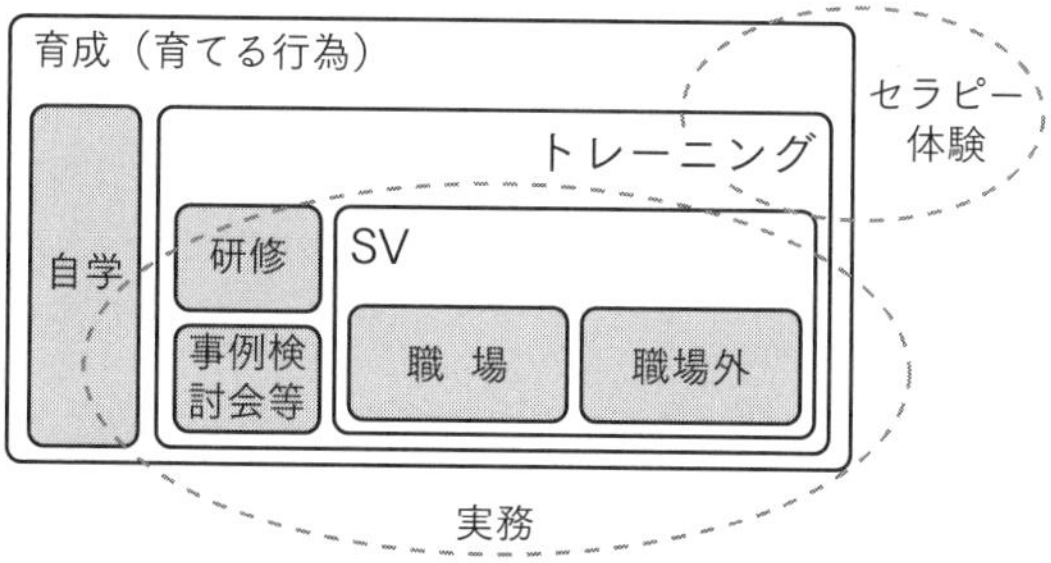

図16　スーパーヴィジョンと類似概念の整理

プなどがある。厳密に区別する立場もあれば，ほとんど同義に使っている領域もあるようである。参考のため，筆者の理解を簡略に図16に示した。

専門家のトレーニングとしてのSVは，職場の内部でも外部でも受けられるが，いずれもSVorとの「関係」のなかで進むことであり，自学では得られにくいものを得る機会になる。SVは，つねに「実務」と関係があり，SVeeが受ける（かもしれない）個人的なセラピーとは区別される。それでいて，SVはSVeeに人生全体を左右するくらいのインパクトを与える可能性があり，SVeeのその後の成長を情緒的に支えることにもなる。なお，個人的なセラピーを受けることをトレーニングに含める立場と含めない立場があるが，筆者は現在，条件付きで含める立場を支持している。

スーパーヴァイザーの資質

SVは、実務と結びつけて継続的・反復的学習が展開されるトレーニングである。したがって、専門性もそれだけ高い。

SVorに期待される資質について多くのことが言われているが、代表的なものとして、柔軟性、多角的な視点、スーパーヴァイズする領域・職域における確かな知識、多文化性を考慮する能力、不安を抑制し抱える能力、学ぶことにオープンであること、広い文脈から課題を敏感にとらえる力、〝パワー〟を適切に取り扱えること、ユーモアと謙虚さ、そして忍耐力が挙げられるだろう（Hawkins & Shohet 2012）。

したがって、SVorになるためには、単にその臨床領域の専門知識・技能を有しているだけでなく、少なくとも人間の学習や成人教育についての知識・技能が必須である。SVorになるため、あるいはSVorでありつづけるためには、本来、SVについての訓練を受けねばならない（カスロー 1990／ヘス 1990）。SVorになるための訓練課程や資格試験を設けている国や学派もあるが、日本の加害者臨床領域では、こうした考え方はまだ十分取り入れられておらず、組織内のポジションに応じた役割としてSVor役を指名されることが多いようである。

スーパーヴィジョンの諸側面

スーパーヴィジョンの機能

SVには、一般に、三つの機能ないしは要素があると言われる。図17（a）に、カデューシン（Kadushin 1976）のモデルを示した。一つ目の「管理的側面」とは、その現場で必要とされる業務の確実な遂行と仕事の質を担保することである。法令を遵守した業務をこなす、一定水準に達した報告書を作成する、想定された面接スケジュールを守ることを教える過程などが、ここに含まれる。二つ目の「教育的側面」とは、SVeeがもつべきでありながらまだもっていない知識と技能を教えることである。各種理論、生育歴の聞き取り方、非行・犯罪事実の押さえ方、心理検査実施の具体的なノウハウの教示が挙げられる。時には、暴力団の名前や勢力図、危険ドラッグの法規制に関する知識なども教えられるだろう。三つ目の「支持的側面」とは、SVeeが熱意にあふれ、倫理観ある一人の専門家として自信をもてるよう支えることである。SVeeの精進を助け、挫折を乗り越える援助をし、専門職としての健康なアイデンティティを獲得・維持することを促す。難しいケースを粘り強く、自責的にならずに担当すること、自分の個人的歴史や自分自身の愛着パターンがいかに臨床活動に影響しているかを理解すること、職能者の人間的側面について洞察を促すことなどが、ここに含まれる。

用いる言葉は微妙に異なるものの、多くの実務家・理論家がSVについて、カデューシンのモ

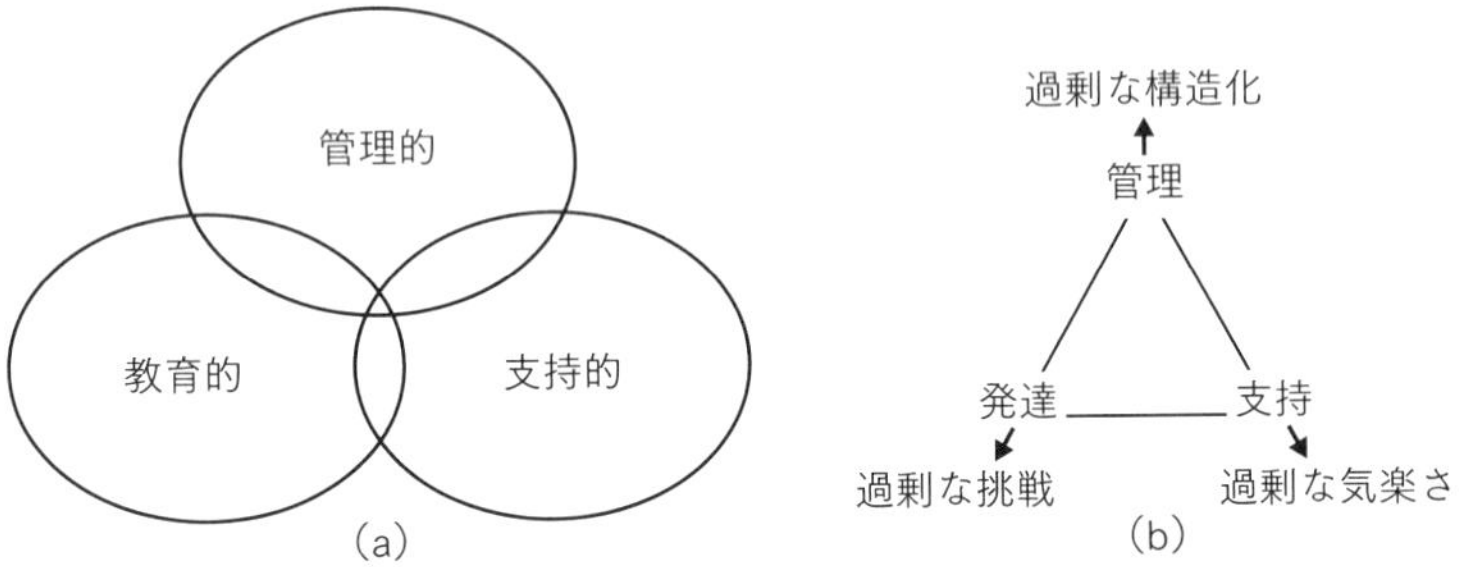

図17　スーパーヴィジョンの機能（Kadushin, 1976 ; Newton & Napper, 2007）

(注) (a) カデューシンの管理的 (administrative)、教育的 (educational)、支持的 (supportive) という語を、プロクター (Proctor 1997) はそれぞれnormative、formative、restorative、ホーキンスとスミス (Hawkins & Smith 2006) は、それぞれqualitative、developmental、resourcingへと言い換えている。
(b) ニュートンとナッパー (Newton & Napper 2007) は、カデューシンによる3つのSV機能について述べ、いずれもが重要でありながら、行きすぎると非生産的なSVになること、機能上のバランスを適切に取ることを強調している。さらにニュートン (Newton 2012) は、これらの3つの機能をaccounting、transformative、nurturativeと言い換え、多くのSVの立場を、この三角形のなかに位置づけることができるとした。

デルと整合性をもつ論を展開している。たとえばニュートンとナッパー（Newton & Napper 2007）、ニュートン（Newton 2012）は、成人教育の立場から同種の三角形モデルを示し、生産的なＳＶには三つの機能のバランスが重要だと強調した（図17（b））。

スーパーヴィジョンの内容――発達的視点

ＳＶｅｅが獲得すべき能力とＳＶの内容は、ＳＶｅｅの発達段階により異なる（Erskine 1982／フリードマン＋カスロー 1990／Mazzetti 2007／McNeill & Worthen 1989／Rønnestad & Skovholt 1993, 2003／Stolenberg & Delworth 1987）。

ＳＶｅｅ、とりわけ初心者がもつ共通の問い（不安）は、「この仕事を遂行するのに必要な能力を、私はもっていますか」というものであろう（Henderson et al. 2014）。したがって、ＳＶは、このニーズに適切に応答するものであらねばならず、ＳＶｅｅが一人の自律した専門家として働いていく過程を後押しするものでありたい。中堅になれば、自分に必要な知識と技能を見定めて、それらを獲得すべく努力すること、一人で問題を見立て、治療計画を立てられること、専門家としてのアイデンティティを明確にもつことが課題となるだろう。さらに、ベテランの域に達しつつあるＳＶｅｅでは、培ってきたノウハウを統合して本人なりの理論化を導くこと、関係性や間主観性、パラレルプロセスなどにまつわる容易に言語化されない問題への精通のほか、自身の倫理的なスタンスについての結晶化が課題となるだろう（図18）。

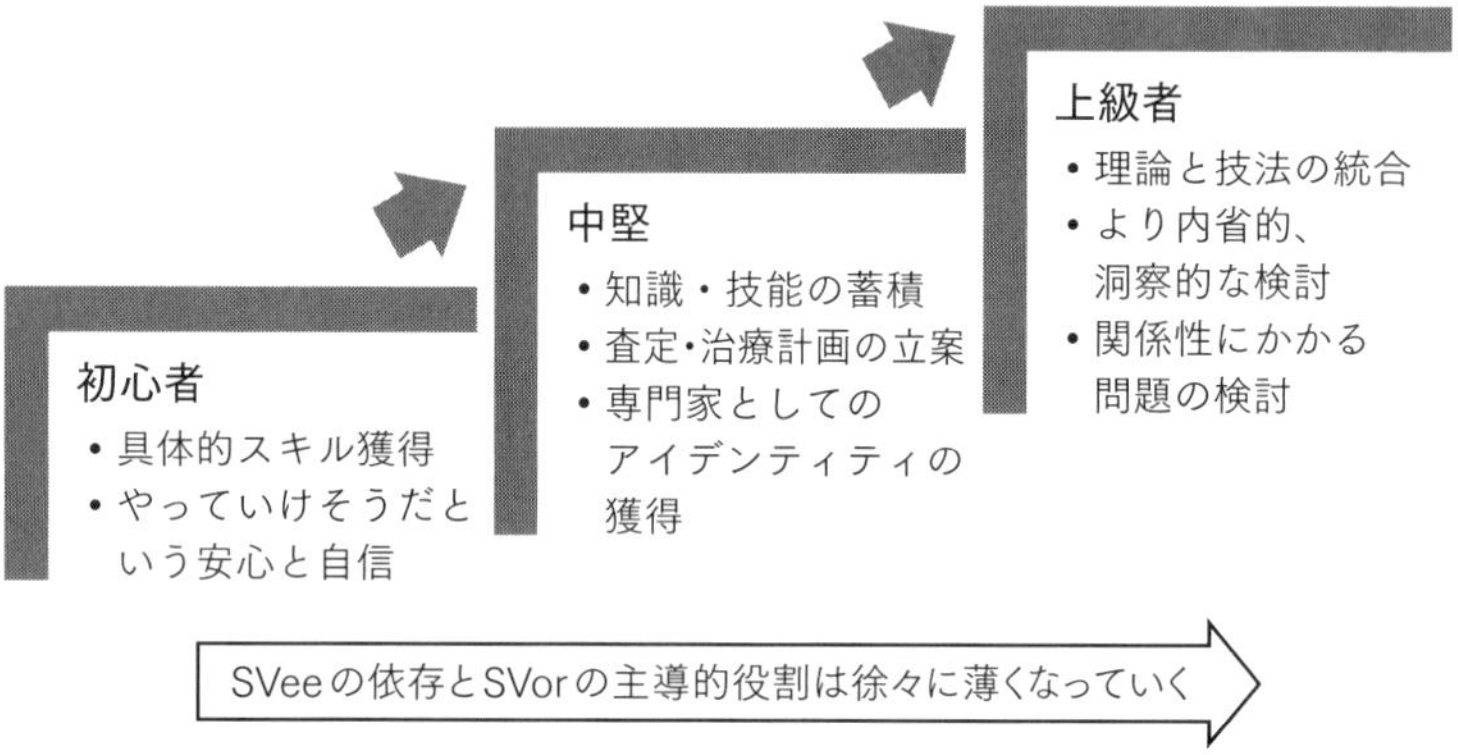

図18　発達段階に応じたスーパーヴィジョン

（注）Erskine（1982）、Mazzetti（2007）、Rønnestad & Skovholt（1993, 2003）などを参考にして作成。

こうした発達段階とSVeeのレディネスを無視した指導は、SVeeの意欲を挫く。SVeeは、難しすぎる課題に圧倒されてしまったり、逆に簡単すぎる内容の教授に際して、自分が小ばかにされたように感じたりするかもしれない。

スーパーヴィジョンに影響する要素

SVは、多面的である。それゆえ、さまざまな事柄に影響を受ける。SVorの依って立つ治療理論、職場の文脈、法的枠組みや契約内容（頻度、時間、料金なども含む）のほか、地域性や風土など、広義の環境によっても、何をいかに扱うかは異なる。ホーキンスとショエット（Hawkins & Shohet 2012）は、こうした多面性に関して、SVが見るべき領域を七つに分けて説明している。

SVorの関係性のもち方のパターンや性質もかなり重要な因子となる（Henderson et al. 2014）。最近は、この関係性を基盤とするSVが重視されているが（フローリー＝オーディ＋サーナット 2010）、関係を分析する場合に用いるSV理論と課題を分析する場合に用いるSV理論は異なる可能性がある（Cox 2007）。カデューシン（Kadushin 1968）は、バーン（Berne 1964）のゲーム理論をもとに、SV関係のなかに持ち込まれる双方の暗黙の期待や欲求、人生観がSVの生産性に影響することを論じている。これらの指摘は、治療やカウンセリングに限ったことではない。ベラントほか（Berant et al. 2005）などの主張を見れば、心理査定や診断に関するSVでも、SV関係や間主観的な視点はきわめて重要であることがわかる。

目に見えない力

加害者臨床において初心者が獲得すべき知識や技術は、一般の心理臨床現場と同じく、ある程度リスト化しうる。心理学および関連学域に関する理論や概念、面接や検査の技法、法律の知識、レポートの書き方などは、経験の浅いＳＶｅｅが熱心に学ぶ科目に違いない。ただし、こうした理論やスキルは、ＳＶｅｅが対象者に会う際の後ろ盾あるいは道具であり、一部は、集団の研修や自学でも獲得できる。

むしろ、ＳＶでこそ教えられるのは、専門家としての「態度」や「構え」など、一見「能力」として見えにくいものである。こういうものは、漢方薬のように繰り返し、継続的に、時に非言語的にモデルを示しながらＳＶｏｒが全身で伝えるもので、それだけにＳＶｅｅのあらゆる臨床活動の根幹をなすものとなりうる。加害者臨床において特徴的な側面を二つ挙げてみる。

"I am OK, you are OK"

加害者臨床において、これを教えないまま先の指導には進めないだろう。"I am OK, you are OK"という構えは、法の逸脱行為それ自体は"not OK"だとしても、非行や犯罪に至った個の人間としての存在そのものは無条件に認められ、受け入れられ、同時に彼らと出会う自分自身も、その未熟さも含めて認められ、受け入れられるという重要な原理である（第6章）。新任のＳＶｅｅ

には、これを初めの段階から教えていく必要がある。

筆者の職場を例に取れば、非行少年や受刑者たちは世間から、“not OK”と言われてきた人たちである。SVeeが“I am OK, you are OK”の構えを理念として習い、感覚的に理解できれば、彼らとの日常の臨床活動は、ぐっと深いものになる。非行少年や受刑者を、自分たちとは違う「向こう岸の人」として見る代わりに、一緒に問題に取り組む相手として関係を築くことにつながる。また、彼らは、我々が臨床家として生きていくためのヒントを、重要なところで教えてくれる存在だということも理解できるチャンスが増える。

しかし、こんなふうに言葉で表わしても、実はSVeeにはあまり響かない。したがって、どのように現（顕）わしていくのかが肝である。これはSVorの個性と特色が出るところである。

タフネス

心身の頑丈さは、生来的な資質によるという立場もあるかもしれない。しかし、筆者は、後天的に身につける部分も大きいと考えている。現場では、当直明けに重要な面接をすることもある。自分の担当している相手が「死んでやる」などと言って暴れていたら、急ぎの締切り仕事があっても、これを書くまで待ってくれと言うことなどできない。

また、我々の仕事は、普通なら耳をふさぐような話を進んで聞く仕事である。殺人、暴力、性加害、虐待被害、人間の愛憎や醜い争い、利己的動機のみによる搾取、金による怨恨のなれの果ての事件……といったものである。これらを扱う面接は、相当に疲弊するものとなろうし、「毒にやられた」感じになることもある。強烈な否定的情緒に圧倒されそうになることもある。

さらに、自分の仕事に無力感を抱く機会ならいくらでもある。「うまくいったケース」に対するフィードバックはほとんどない。矯正施設に勤める我々が自分の仕事の「成果」について知るとき、それはすなわち「再犯による再入所」なのである。熱心に関わろうと思っても、きわめて限定的な関わりしか許されないこともあるし、あるいは、熱心に関われても、相手は一向に変わらない場合もある。

こうした現実を何とか乗り切っていく“tough-minded”な実務家を育てることは、大変微妙な課題である。なぜなら、ネガティブな経験に動じない仕事ぶりを奨励することは、しかし臨床的な感性の麻痺を生む危険性もあるからである。二次受傷や無力感が続くと「普通の感受性」すら薄れて、悲惨な話や破壊的な話にも大して驚かなくなることがある。それは面接室の外でも悪影響を及ぼしうる。同僚や家族などに対して、配慮なく厳しい反応をしやすくなるなどはその典型であろう。鉄島（2010）は、加害者臨床の現場に存在するこうしたストレスに対して、専門家が無防備でいることが、対人場面での「棘」になっていくと指摘している。

スーパーヴィジョン摘要

SVorの役割を担うとき、筆者が、これまでの実務で大切だと思っている五つの点について整理していきたい。

適量の勧め

熱心な指導者ほど、ついつい与えすぎるものである。とりわけ、小さな間違いも大きな責任問題に発展しかねない公的機関では、業務にミスがないよう厳しく目を光らせねばならない面が多く、それらはSVeeにも相応のプレッシャーを課す。上司やSVorは、SVeeを早く一人前にしなければと、一気に多くを与える指導になりやすい。

しかし、SVeeが学べる量は有限であり、受けた指導のなかで消化できる量は限られる。重要なことほど一回に一点だけ指摘し、指導するくらいでもちょうどよいかもしれない。SVでは、その時々で何とか実践をこなしていけるぐらいの習得を目指せばよいのである（ギャバード 2012)。SVor側がすべてを一度に指導せず余裕をもって待つこと、「ため」をつくることも、将棋で言うところの「味を残す」ような効果を生むものである。

自発性促進徹底の勧め

自分で考えること、自分で判断できることは、一人前の証である。SVの結果として、SVeeの自己決定力が増し、内省が深まることがきわめて重要なのである（Ghaye 2000/2004／ニューフェルッ 2003）。自ら考え、答えを出し、選択し、行動していく主体としての専門家は、まずはケースの見立て、自分の関わりに関する内省を、それがどんなにたどたどしくとも聴いてもらう体験なしには育たないだろう。加害者臨床においては、査定や評価の結果が、法的処分の資料になることも多いからか、SVeeが提出したものをSVorがチェックし、手を入れることが多い。しかし、SVeeにとってそれが単に書き方の「ノウハウ」を学ぶだけの機会になっていないか、SVeeの自発性を育てることに本当に寄与しているか、SVorは考える癖をつけねばと思う。

ともかく、従順なSVeeを評価し、重宝がる自分を発見したら気をつけたい。SVは、その定義からして、力と権威の上下関係を内包するから、SVorはよほど気をつけていないと、自分のコピーをつくる努力でSVが終わる。SVeeのほうは、目の前の権威者を怒らせないよう、自分がその人から傷つけられないよう対応していく術を身につけることで終わりかねない。これをSVeeからの窃盗行為、あるいは心理療法における洗脳という強い言葉で警戒する専門家もいる（ローボルト 2015）。神話のように、プロクルステスのベッドにSVeeを寝かさないように気をつけなければならない。

内省と自己評価の勧め

自分のSVは本当に奏功しているか。SVeeや彼らが担当する対象者を自分は害していないか。自分はSVに本当のところ、何を求めているのか。SVorにとってこうした内省は、気が進まないものかもしれない。しかし、自分のSVを自分で評価することをルーチンにするのは重要だと思う。本来は、SVeeから直接フィードバックをもらうのが一番よい。SVセッションを終えるとき、SVeeから、何が得られ、得られなかったものは何だったか聞くことができるとすれば、それはSVorにとってこの上ないガイドとなるだろう。同僚たちと話し合うことも有益である。しかし、それらもなかなか難しいという場合は、既存の尺度（Management Sciences for Health 1998／Pearce et al. 2013）などを用いて、自分で評価することもできる。

言語的精錬の勧め

あまり強調されないことだが、SVorの「言語表現力」は大変重要なSVorの資質であると筆者は考えている。SVeeに対して何かを言うとき、どう言えばよいのか吟味しないまま、とりあえず気づいたことを話しているという場合が多くはないか。自分の考えや感情、価値観について整理し、相手に伝わる言葉を選ぶ力、SVorが与えたいと思っていることを筋立てて説明する力は、緊張し不安がっているSVeeにとって大きな助けになる。これは、言わずに「ため」をつくる適量の勧めと美しく調和して効果を発揮する。

継続的学びの勧め

専門家は学ぶことをやめてはいけないという記述に異を唱える人はいないだろう。ＳＶについても同じである。

すでに述べたように、ＳＶは環境や職場の地域性その他の要素によりアレンジされうるので、すべてのＳＶｏｒがつねに個人的な自身のＳＶｏｒをもち、同じように努力をするべきだと主張するつもりはない。ＳＶｏｒの役割を担うものが複数いる職場であれば、同僚同士の横の関係で研鑽を積むことは有効に違いない。いずれにしても、ＳＶｏｒとしての迷いや失敗経験を開示し、相談できる場を確保することはＳＶｏｒ自身の責任と言える。そして、ＳＶｏｒとしての研鑽にはさまざまな方法がある。ともかく重要なのは、自分がなりたい「指導者像」をもっていることだろう。もし、それがまだ定まっていないなら、それを見つけるところから始めればよい。

筆者の場合、ＳＶについて学べば学ぶほど、自分のまだまだ知らないことがなんと多いことかと驚き、新たに学ぶことがどんどん増えていくという経験を重ねている。そして、筆者が実感するのは、ＳＶとは自分と向き合う作業だということである。指導者になるためには、指導に加えて「師道」も追究していくことになるようである。

「唯潜心工夫　其心に会するあるのみ。（略）我れ　豈勤めざる可けん哉」（山岡 2003）

＊

自分のトレイニー時代を振り返ってみると、すぐに湧いてくる思いは、筆者はＳＶｏｒに、そして背中を追いたいと思える先輩に恵まれたということである。先日ある学会で、筆者がシンポジストを務めた会場に、新人時代にお世話になった先輩が足を運んでくださった。終わった後に、お褒めの言葉をいただき、筆者は照れくさい反面、子どものように喜んだ。

思えば、あんなにハチャメチャで知識も経験もなく（常識もかなり怪しかった）、しかし、ただただ非行少年と会うことが楽しかった生意気な新人を、その先輩たちは驚くべき寛容さをもって育ててくれた。否、おそらく、結構面白がって筆者のことを見守っていたように思う。

さて、そうした自分がどうやって次の世代にお返ししていくのか、愚痴ってないでさっさとやれと、かつてのＳＶｏｒや先輩たちからの声が聞こえてきそうである。

第12章　薄氷の上のダンス

　ここまで加害者臨床について、「あなた－私－わたしたち」という流れで考えてきた本書も、いよいよ最終章となった。本章では、非行少年や受刑者について、そして加害者臨床の実践について、結論のような形で綴ろうと思う。

非行少年とは、犯罪者とは何者か

非行少年・犯罪者になる理由とならない理由

　問題行動への対応や非行防止に関する研修会などに呼ばれることがある。そうしたとき、子どもの親御さんや施設の職員などから、「やっぱり愛情が足りないと、子どもは非行に走るのでしょうか？」という質問をときどき受ける。現場では、親の愛情を受けてきた対象者にも多く会うので、無責任に「そうですね」と相槌も打てない。仕方なく「いろいろですね」と答えるが、不安だからこそ質問してくれた方々をますます不安にさせることになってしまい、申し訳ない気持ちになる。

一般的に言って、ある行為が犯罪か否かを分けるのは比較的容易である。しかし、非行少年・犯罪者になる／ならないを区別するものがあるかとなると即答は難しい。否、正直に言えば、筆者は四半世紀余りこの領域で働いてきたのに、非行・犯罪をする人としない人の差について、いまだに明示することができない。考えれば考えるほど、わからなくなるのである。

また、あなたは生涯法を犯すことはないと言い切れるかと問われれば、筆者の答えは明らかにＮｏである。筆者だって、将来、何かしらの犯罪に至る可能性はあるかもしれない。怒りにかられて粗暴になることも否定できないし、金に困って追い詰められれば盗みへのハードルはぐっと低くなるだろう。誤って車で人をはねてしまう可能性だってゼロではない。人生のコーナー取りをひとつ間違えれば、「普通に暮らしている私」だって（あなただって）、犯罪者になることがあると言えるのだ。シーラッハ（2015）は、これを以下のように表現した。

「私たちは生涯、薄氷の上で踊っているのです」（p.13）

異質性と同質性

「なぜ事件は起こったのか」「少年の心の闇には何があるのか」。悪しき事件が起こるたび、多くの人がそう考える。特に凶悪だとかショッキングな事件であればあるほど、心の内がざわつき、居心地が悪くなり、自分の内的安定を守りたくなって、事件の特異さにふさわしい犯人たちの動機や理由を知ろうとする。

しかし、非行少年や犯罪者が述べる動機・理由が、事件の凶悪性や特異性をそのまま反映しているとは限らない。多くは、「金が欲しかった」「相手の非礼な発言に我慢がならなかった」「快楽に負けた」といったもので、これらの動機はそれ自体、別に悪いわけでも特別なわけでもない。普通に暮らす人にだってそう思うことはいくらでもあるはずだ。つまり、理由や動機を聞いても、それはたいていの場合、我々との同質性を確認するところに行きつくだけなのである。

しかも、非行少年や犯罪者と呼ばれる人が二四時間ずっと法を犯しているということはきわめて稀である。「事件」とは、通常ごく短時間の出来事だ。むしろ彼らの大半が、普段は就労し、夜になればTVを見ながら夕飯を食べ、子育てをし、年老いた親の介護に悩み、「もう少し給料が高かったらなぁ」などと考えている。そして、そこそこに安寧な人生を望んでいる。非行や犯罪に至る前の彼らの生活は、一般の人々のそれと、さほど離れたところにあるわけではない。

道を選ぶ自由

そうは言っても、非行少年や犯罪者は実際に法を犯した、筆者はそれをしていない。ここには決定的な差があるではないかと指摘する人もいるだろう。そう、その通りだ。彼らはした、筆者はしていない。

しかし、筆者の前には、「する」道がないわけではない。「する」道を、今のところ自分で選んでいないということである。そう考えると、非行少年・犯罪者になるかならないかの分かれ目は、個人の特性とか属性の問題というよりも、過去のある点における「選択」という一瞬の差なのかもしれない。

非行や犯罪に至って矯正施設にやってくる人たちと話していると、「選択肢」を自分がもっていることに気づいている人はたしかに少ない。違法行為に至らんとするその場面で、彼らが意識している主観的な「選択の自由」は相当狭いように思われる。自ら選んだという感覚よりも、何かに翻弄されていたとか、(犯罪を)やるほかないと思っていたという報告のほうがよく聞かれる。「複数の選択肢から自ら選んだ結果、やりました」というタイプもいるにはいるが、特に累犯者のなかには少ない印象がある。

そして、いったん法を逸脱する道に進むと、その後の将来の自由度は、主観のなかだけでなく、現実に狭まる。法に触れることなしに生きることが、以前よりも難しくなるのだ。悪い仲間のしがらみから抜けられない場合もあるし、彼らが戻っていく環境(家族、学校・職場、地域など)に、

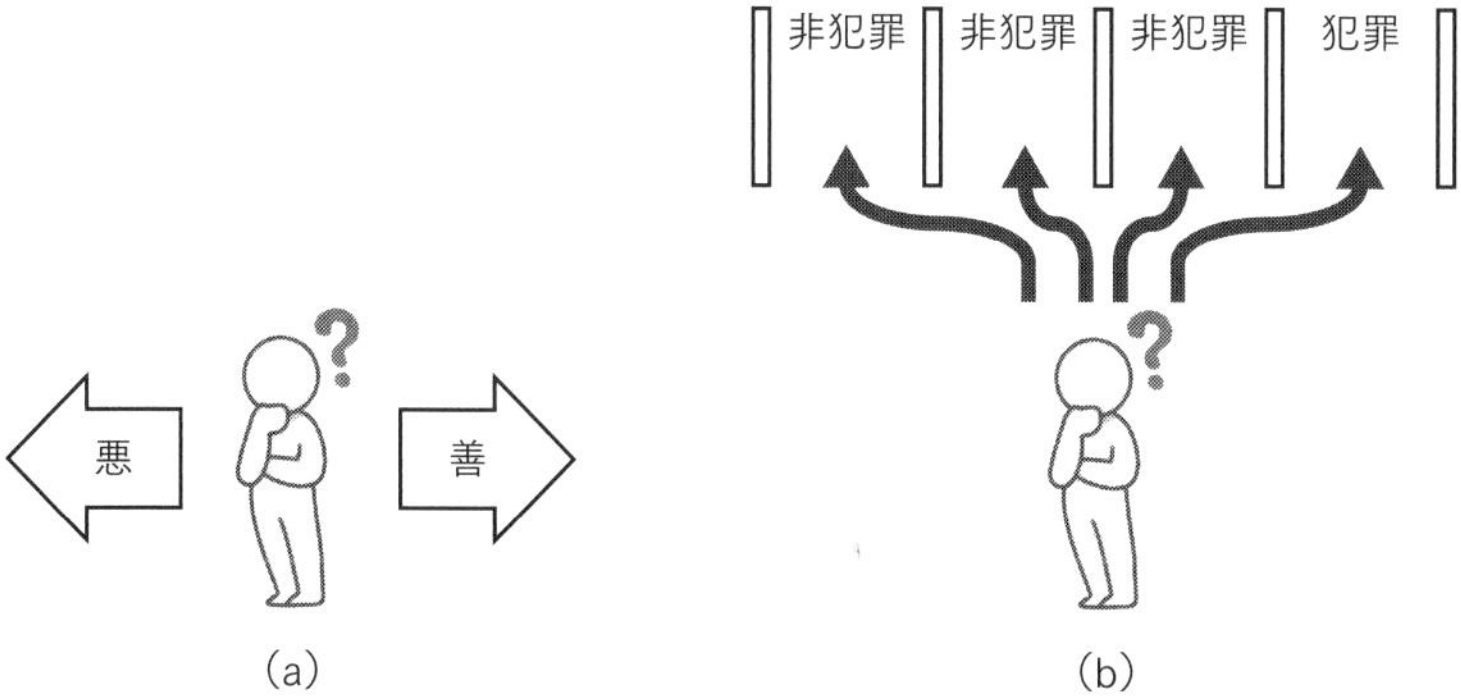

図19　行為の選択肢

「少年院帰り」や「前科者」を受け入れる準備がない場合もあるだろう。前科があると就けない職業だって結構ある。彼ら自身も、失敗や拒絶は恐ろしい。だから、不安や恐れが待ち受けているかもしれない新しい道に行くことには、当然ながら臆病になる。とかく行動選択を即座にせねばならない場面では、結果が肯定的であれ否定的であれ、以前と同じ道を選ぶことにもなりやすい。そちらに進めば何が起こるかは既知であり、その範囲において不安は少ない。何かを恐れて行動を起こそうとしている人にとって、「それをすれば、後の自由を失う」という忠告はあまり役立たないものだ。

ここで言う選択とは、「する・しない」という対立概念の選択ではない（図19（a））。筆者のイメージでは、高速道路の料金所のレーンみたいなものだ。選択の自由を失うというのは、自分の前に複数の道（レーン）があり、それぞれのゲートが閉まっているわけではないのに、つまり、いずれにも進むことができるのに、毎回同じレーン（たとえば一番右）を選ぶようなものである（図19（b））。

変化とは何か

自分に「なる」こと

非行や犯罪に至った人を、別の人間が「再犯（再非行）をさせないようにする」などということは、そもそも不可能である。矯正施設から出所（出院）する日に、再犯しない人に「なった」かどうかを知ることも同様に困難だ。「もうしません」と言って、その日のうちに再犯する人もいる。「足を洗うつもりはない」と言って出たのに、二度と戻ってこない人もいる。それでも、関わった非行少年や受刑者が、真っ当な生活につながるような人間的な変化・成長を見せることは、たしかにある。というより、これを促したり、発見したりすることが、我々のできるせいぜいのところなのだ。

また、非行や犯罪の防止という観点から、「更生」「立ち直る」「やり直す」「改心」「回復」「離脱」といった言葉がよく使われる。しかし、これらの日本語は、悪かった自分と決別したり、過去を上書きしたり、あるいはよろしくない場所から元々いたはずのよろしい場所へ戻るという、切り離しや抹消のニュアンスがある。しかし、時間は巻き戻らないし、人の歴史はすべて一筆書きで、かつ消せない。彼らの変化をこれらの言葉で表現することに、筆者は少しばかり抵抗を感じつづけてきた。

では、どう表現するのか。大変重要なことであるだけに万人に届く言葉がなかなか見つからないのだが、筆者なりの現時点の結論は、「この人生を生きる自分になる」という状態に彼らが到達することではないかというものである。非行少年や犯罪者は、実際に処分を受けて、あるいは処分を受けるにあたり、自分や自分を取り巻く種々のものを振り返る。時に自省し、時に対話し、時に教育を受け、時に他の受刑者や在院者、あるいは自然からさえも影響を受ける。この営みのなかで、彼らが自らを知り、自分とはこういう人間だというものを見つけ、これが自分の人生だと合点するプロセスが生じることがある。己の過去を観（視、看）て、思い通りにならない現在を受け入れたり、不確かで恐ろしい未来を覚悟したり、自分の忌むべき部分から覆いを取ったり、あるいは祝福すべき素質が自分にあることを喜んだりできるようになる。これは、「まっとう（全う）する」（「まっとう（真っ当）」ではない）の派生語を用いれば、「まったき姿となる」とでも言えるだろうか。そして、善悪、黒白、硬軟ひっくるめて、自分が受け止める、自分が生きていくという覚悟がそこにできると、中核的な自己感がはっきりと現われるようになる。

以前、事件を起こして初めて「自分」という存在を感じることができたと述べた受刑者と会ったことがある。事件前の彼は、自分が何（誰）なのかわかっておらず、わかっていないことすらよくわからなかったという。自分とそうでないものの境界線は曖昧で、名前ですら、与えられた「荷札」のように感じられていた。彼は事件を起こしたのをきっかけに、社会の目にさらされ、司法の裁きを受け、いろいろなものから切り離され、物理的な自由の多くを失った。しかし、逆説的にそれは、彼が精神的に自由になり、「自分」を感じる初めての機会になった。自分は今、まさしく考えている、自ら行動しているという実感をもつことができた。それが「うれしい」のだと彼は語った。「被害者の気持ちを逆なでする」であろう（このフレーズは、彼自身の表現である）この発言は、彼にとっては偽りない実存的な真実であった。彼は、「犯罪者」というレッテルを貼られたことで、自分というものの輪郭を手に入れた。彼の次なる課題は、こうした松葉杖のような仮の自己像に代わる、本当の自己を手に入れることであった。

筋書きを変える

生まれもった素質や過去の経験、他の人々からの影響、そして生きる時代によって、人生はかなりの部分が方向づけられる。しかし、決定づけられてはいない。筆者が出会った多くの非行少年や受刑者は、自らの人生の主導権をもつことに疎いようなのだが、人間は本来能動的であるという事実は、筆者がほかならぬ非行少年や受刑者たちから学んだことである。バーン（Berne 1961, 1972）は、人々が維持してきたこの人生の一定のパターン、いわば筋書きを変えることを「脚本からの解放」と呼んだ。

マルナ(2013)は、バーンとは違う文脈だが、やはり「脚本」という言葉を使って犯罪者の人生について論じている。彼によれば、非行少年や犯罪者が違法行為をしなくなるプロセスのなかには、「自分がだれであるかに関する一貫したまとまりのある感覚」(p.120)の獲得が存在する。

クラークソン(Clarkson 1992)は、バーン(Berne 1972)の考えに基づき、"physis"という概念を用いて、クライエントの内面に潜在する「成長を切望する中核的な自己」の存在を信じることがセラピストの重要な仕事であると述べている。彼女によれば、この"physis"は、人間の認知や信条や行動特性といった「第二性質」ではない、独創的、自発的、創造的で自然のままの「第一性質」で、クライエントがこれらを自分に統合することが心理療法の肝になる。これは加害者臨床においても、十分に尊重したい原理である。

主体として自分の道を選ぶ

「自分になる」ということは何をもたらすのか。加害者臨床の文脈において、筆者は二つのものを指摘したい。第一に、上述のような「選択肢」をもつ自由である。人生を自分のものにするということは、自分の力でそれを御せる、あるいは他の道があるということを知り、場合によってはそちらを試してみるということでもある。他と区分けされている「自己」ができると、行為する主体としての感覚、発動性が生まれる。さらに、自らの内面の欲求、情動、葛藤に耳を傾けられるので、まさしく「今ここ」の自分の考えで、自分の判断で、自分の行動を選べるようになる。それは、非行・犯罪をするしかないというある種の運命論者ぶった受動相から、行為する主体への転換（森岡 2005）が図られることであり、人格の深いレベルで、本人の命を生かす健康な衝動に息をさせることであり（James & James 1991）、「自律」しているということであり（Berne 1966）、"is-ness" の受容がなされている（Rogers 1960/1984）ということになる。

そして、「自分になる」ことがもたらすもうひとつのものは、他者と関わる不安が大きく低下することにより生まれる「他者と親密になる余地」である。

筆者が出会ったある非行少年の話を紹介したい。彼が最初に少年鑑別所に入ったのは一三歳。以後、七、八回少年鑑別所に入所し、最後は二〇歳になる誕生日の直前だった。幼い頃から身体的、心理的、経済的安全が全く保障されない環境で育ち、学童期前半から児童相談所の困難ケースとなり、思春期以降は、暴力、盗み、恐喝、無免許運転など、多方面の非行が現われた。成人前に行ける範囲の施設はすべて経験済みという「エリート不良」だった。

一七歳くらいまでは、「話にならない」面接ばかりだったが、成人する直前の入所時には、社会経験もだいぶ増えて、言葉のやりとりも以前ほど苦痛ではないようだった。最後の彼との面接は印象的であった。筆者が「もう戻ってくることはないね」と彼に言うと、「来たくても無理です。次は（成人しているから）拘置所ですよ」と漫才みたいな突っ込みが返ってきた。そしてその後、彼はこんな内容のことを話した。「俺はさぁ、昔はどうして人生はこんなにつらいのかと思ってた。

どうして俺はこんなひどい世界に生まれてきたのか、なんでほかの家と違うのかって思っていたわけ。毎日生きているのが嫌だったから暴れ回ってた。今でも、〝どうして？〟と考えることはある。でもさ、どうしてってていう問いに答えはないんですよね、たぶん。（中略）だからさ、先生、俺はこれから何とか生きていくよ」。

恥ずかしいことだが、当時の筆者はこれほど深い、真実の、特別な告白に対して、「そっか……」というばかみたいな相槌だけで応じたのだった。それで精一杯だった。

彼は、一三歳の頃と同じくぶっきらぼうだったが、選択する自由と力をもち、自分の人生を引き受けていく覚悟と自律性をもっていた。これは、「彼は過去を乗り越えた」という表現では言い尽くせない事象であった。そばで彼の言葉を聞いた者として一番ぴったりくる言葉を探せば、「彼は彼になった」ということになる。七年間言葉にされてこなかった彼の悲しみやら孤独やら怒りやら、そうしたネガティブな情動の一切合切を、筆者は強烈に感じながらも、彼のことを「かわいそう」とは思わず、むしろ尊敬の念をもって彼を見つめることができた。親密な一瞬であった。

文学に見る以下のような表現は、心理学的な意味で本当だと筆者は思う。

「自身の本当の〝自己〟をまるごと知るものは自分以外のどんな力にも利用されたり支配されたりすることはない」（Le Guin 1968/2004［p.196］）

しかしながら、これは彼（敷衍すれば、多くの非行少年や受刑者たち）がたいそう立派になったとか、強くなったとか、高い精神性を獲得したとかいうこととは違う。むしろ、彼は依然として生きづらく、不確実さのなかに在り、以前よりも自分の弱さにさらされている。そして挫折も別れも不幸も、そしてささやかな幸せも、我々と同じように体験していくだろう。もしかしたら将来また犯罪に至ることもあるかもしれない。しかし彼は、行く先に「他の道（レーン）」があること、そしてそれを選ぶことができる自分を知っている。犯罪をしない人生を歩むことは、「人格の変化というよりはむしろ人格の継続のなかで起こる」（マルナ 2013［p.215］）と言える。

加害者臨床とは何か

非行少年や受刑者たちと出会う心理臨床は、彼らと並走し、衝突し、行きつ戻りつしながら進む。このプロセスは、人間はいつでも簡単に悪い（元の）道を選べることを頭に置きながら、彼らと薄氷で不器用なダンスをしているようなものかもしれない。緊張と期待と不安に色づけされたこの即興ダンスは、共感的で、間主観的で、関係性を重視した治療的な関わりには不可欠なものである（Hargaden & Sills 2002）。その不確かなやりとりのなかで、反社会的と言われた彼らがこれまでのように〝腕に物を言わせる〟代わりに、自身を語る言葉を見つけられるよう援助すること（シュラパバスキー 2004）は、彼らが「自分になる」ためのプロセスを歩み出すことに役立つだろう。

そして、我々臨床家自身が「自分になる」「自分である」ことが、我々が今日行なう面接の「生」のやりとり、すなわちローカリティに直接作用するという事実を、心に留めておかなければならない。ラスチンスキー（Ruszczynski 2012）は、専門家が自分の仕事や自分自身について考え、内省する能力を維持し、そして実際にその力を使うことを通して、非行や犯罪に至った彼らは今までのパターンから抜けて、不確かだが魅力にも感じる生き方へ向けて最初の一歩を踏み出すようになると述べている。自他を害することがない生き方は、きっとおのずとその先に輪郭を結ぶものなのだろう。

＊

専門家としてものを書くことは、自身の挑戦であり、クライエントを守るという責任の一端でもあるという（Cornell 2011）。後者の指摘はこれからの筆者の仕事ぶりに直結し、前者は本書執筆における筆者の経験そのものであった。自分が言葉にしたものが（未熟で時に間違っているとしても）自分の考えなのだという覚悟をもてという成田（2003）の戒めを全うできたかどうか、自信はない。後で読み返せば、表現の稚拙さに落胆するかもしれないし、あるいはすでに違うことを考えているようにも思う。

そして、上述のコーネルによれば、専門家としてものを書くことは、時空を超えてさまざまな人と学び合うプロセスでもある。自分の仕事について考えることを書くということは、予想通り（予想以上に）大変な作業だったが、多くの書物、先輩、同僚、後輩たちから助けられた。そして何より、今まで出会ってきた非行少年や受刑者たちから、自分がいかに多くのものを与えられてきたかを確認する時間でもあった。彼らの存在が、筆者が専門家として「私になる」プロセスを後押ししてくれている。

補遺　「別れ」について

ある失言

この仕事を始めて間もない頃、担当した女子少年に怒られたことがあった。彼女が少年鑑別所から退所する朝のことである。彼女の未来が明るいものになるようにと願いながら出発の支度を手伝った筆者は、さて送り出さんというとき、ついうっかり「じゃあまたね」と言ってしまった。間髪入れずに彼女から、「もう戻ってこねーよ、先生」とにらまれた。その後、先輩の法務教官と談笑している彼女を見る限り、彼女がひどく傷ついてはいないだろうことに安堵したのだが、自らの未熟さを露呈したこの場面は、その後の筆者に多くの内省を生んだ。当時、彼女の再犯を予想していたわけではない。むしろ、彼女が更生して（つまり、再び少年鑑別所に戻ることなく）よい人生を歩んでほしいと思い、また彼女にはそれができるとも思っていた。しかし、別れのとき、筆者が口にしたのは別れの言葉ではなく、再会を願う言葉だった。

非行少年や受刑者と出会うことは、筆者にとって、臨床現場に飛び込んだ当初から魅力的でありつづけている。彼らと共に面接を組み立て、非行や犯罪について、人生について対話をしていく時間、より正確に言えば、彼らとの間に生まれる関係性のなかで何がしかの真実を見出していく時間は、その結果、厳しく困難な展望しかもたらさない場合でも、尊いものに感じられる。もっと深い洞察、もっと深い情緒に触れていくことを目指す作業は骨が折れるが、一方で、心理臨床家としての本分を内省的に問い直す作業となり、同時に自分の成長を自覚できるようになる重要な経験になっている。

ところが、かつての筆者にとって、この仕事には困ったことがひとつあった。別れが頻繁に訪れることである。それがなぜ困るかというと、筆者は、「さようなら」と言うことがそもそも苦手だったからである。また、「逢うは別れの始め（合者離之始）」と言ったのは白居易らしいが（岡村1988）、非行少年や受刑者を対象にした心理臨床においては、「会者定離《えしゃじょうり》」などとはじめから無常を悟って会うスタンスは、どこか似合わないと筆者は考えてきた。行動面での逸脱が顕著で、早急に介入の必要がある人たち、警戒心や対人不信が強くてなかなか心中にあるものを他者と共有しない人たちと、一定の関係を築き、彼らの心を理解する努力は、公的・私的いずれの側面においても相当量の自己を面接の場面に投入し、対象者の理解に役立てていく必要が（少なくとも筆者の場合は）ある。仕事として彼らに会うわけだが、それでも個人として共鳴する部分があったり、内面が揺さぶられたりする場面は少なくない。そしてこうした面接者側の（通常は言外の）反応が、対象者が面接のなかで率直に話し、変化することに寄与すると筆者は考えている。つまりそこに織り上げられる対象者との関係性が深くなればなるほど、二者は互いを自己対象として見ることになるから、別れるときにはその喪失に痛みが伴うことになる。冒頭の筆者の失言は、まさに一種の対象喪失の体験から生じたものだった。

時間という有限性

現在筆者が勤務する少年鑑別所では、心身の鑑別のため、非行少年たちが入所してくる。彼らがそこで生活するのは、法律により原則としておおむね四週間以内となっている。心理臨床家が彼らと関わるのもこの期間内となる。刑務所ならば、受刑者の刑期は通常それよりは長いが、彼らにも「刑期」があるので、「どんなに長くてもここが最後」という終わりの日が決められている。そしていったん退所（出所）すれば、その関係が続くことはない。

通常の心理相談ないしは治療の場合、クライエントとセラピストの両者は、セラピーで生じたよい変化を認め、面接の終結について合意して終わりが設定されることを目指していると思われる。実際そうしたケースは多いとも想像される。「中断」と言われる事態でも、不慮の事故は別として、クライエントが自らもう行かないと決めて関係が終わるのであれば、それは対象者の「意思」によるものである。したがって、一度終結した場合であっても、対象者のほうに再び来談の意思が生じれば、再会が叶う場合も多いだろう。クライエント、セラピストいずれかの転居や転勤、結婚や妊娠といったライフイベントなどによる別れは、必ずしも意図したものではないかもしれないが、一方の個人的事情によって関係を終えようという決断がなされる限りにおいては、終結を決める主体が存在すると考えられる。

他方、司法的手続きのなかで展開される非行・犯罪の心理臨床の場合、対象者と担当者の二者の意思とは関係のないところで終結の時が決められる。心理臨床的介入の成熟度合いに応じて、この期間が修正できることはまずない。どんなに対象者が面接の継続を望もうとも、また担当者がそれに同意したくても、面接を継続すれば対象者の洞察が進み、心理的な苦痛が和らぐ見込みが立っていても、関係はない。審判日が来れば、刑期が来れば、移送の日が来れば、それが終結である。

松木（2016）は、終結とは、精神分析における治療をやめても逆行も退行も生じないだけのパーソナリティの改善や適応の促進がなされたときに治療者が目指すものだというリックマンの論を紹介しながら、治療の成果としての終結を論じている。しかし、少年鑑別所や刑務所で行なう心理面接において、この心境を味わえることは、実務上ほとんどない。精神分析による治療ではないので当然と言えば当然だが、上述の治療終結の条件は、心理臨床の実践に共通する目標であるとも言えるから、これが滅多にできないとなると、我々の関わりは、実際のところ何かのために誰かのためになっているのだろうかという気弱な問いが生じてきてしまう。少年鑑別所で担当した少年は、彼らなりに内省し、彼らなりに自分を変えようと努力するが、短い在所期間のなかでそれらがすっかり完結できるほど、彼らの心理的、人格的な問題は軽くない。待ち受ける現実は大変に厳しいとわかっているため、再び傷つく体験を重ねて非行に走ってしまうのではないかと懸念されるケースは多い。また、筆者が少年受刑者と個別面接をしていた頃、数年間にわたって成長を見守ってきた彼らが出所するときも、自他を害する元の生活に戻ってしまわないかとやはり心配だった。以前よりは、人格的にずっと強くなっていたとしても、社会のなかで自立の力はまだまだおぼつかない彼らを見るにつけ、面接のみならず、関わり自体もこれで終わってしまう（もう会わない）ことへの一抹の割り切れなさを感じていた。彼らの大部分は、出所したら自立と更生を目指すために必死に働かねばならない。忙しなく過ぎるであろう毎日の生活のなかで、自分の内面の思いや感情を話す安全な場所をもつことは、決してやさしいことではない。もう少し面接のなかで自尊心が回復でき、よき表象の内在化が進み、外的な事象への対処力を引き上げてから、現実の厳しさに向かっていけたらよいのにと思われることは多かった。

別れによって失うものと生きるもの

上述のような懸念は、現実的に妥当な査定であると同時に、対象者への思いやりである。しかし、同時に思い入れでもある。また、心理臨床家のサポートがあれば、もっと筆者が関与できれば、彼の人生が幸せなものになる可能性が高くなるのではないかという思い上がりと言えるかもしれない。小此木（1979）は、心理臨床家が、傷ついた弱い対象者に一生懸命に関わることで、対象者のなかに自分と同じ悲しみや不幸を見出し、それを解決するプロセスを、「投影性同一視による喪の仕事」と呼んだ。対象者に寄り添い、対象者の気持ちを癒す作業に専心することで、自分の感情や経験を昇華させたいという願望が多くの援助者にあると述べているが、筆者がかつて感じていた無念な思いは、この願望を満たせない不満の裏返しとして解釈することも可能であろう。つまるところ、不本意な終結について抱く不満は、熱心に関わってきたケースを手放すという、対象喪失に対する一反応である。

以前担当した対象者が、再犯により再び自分の勤める職場に入ってくることがある。正直に告白すると、筆者は再犯を悲しく残念に思う一方で、彼らに再会できたことを単純に喜んでいる自分を見つける。これについて、神田橋（2003）は、「共感の関係」だとかつてコメントした。当時、まだ経験も浅かった筆者は、氏のコメントの真意がよくわからなかったが、今は、この臨床領域における喪失と再会というテーマのなかで、対象者と筆者が築く共感の質についてより深く理解できるようになった。その「共感の関係」が、彼らの再犯にどう関係しているのかについても、神田橋氏の助言通り考えられるようになったと思う。今は、この関係を通して、相手が社会に再び戻った後に出会うであろう人間関係が少し豊かになるような面接をつくることを目指している。

消える仕事、残す仕事

足場とび仮説

筆者が苦手としている「別れ」についてあれこれ考えたなかで、比較的長く拠り所としていたのは、加害者臨床における「足場とび説」であった。足場とび（鳶）というのは、建設現場などで、大工などの職人たちが使う足場を組み立て解体するとび職人のことである。建物が建つとき、改修されるときには、頑丈で、作業がスムーズに進むよう工夫された足場が必要である。しかし、建設や改修が終わると、その足場は取り外され、きれいな建物だけが残る。多くの人は、以前そこに足場が組まれていたことなど覚えていない。価値あるものとして残っていくのは建物そのものなので、工事が完遂されて以降も足場の一部が残っていたら、プロの仕事ではないということになる。

心理臨床の活動にも、これと似たようなところがあるのではないか、というのが筆者の主張であった。すなわち、できあがった（関係が終結した）後には、成長したクライエントはそこに一人で立ち、存在しつづける。かつて足場があったことなど、周囲の人も本人さえも振り返る必要はない。対象者が心理臨床家と出会って何かしら成長できた後には、こんな今の自分に自分の力でなったのだという自己肯定の感覚をもてるように、援助したいと思っていた。心理臨床家の援助があったこと、援助関係のなかで変化したことにはこだわらず、本人が自分の力を信じて進めて、自律性を発揮できる形になったほうが、我々としてはよい仕事をしたと言えるのではないだろうか。こんな風に考えると、対象者の自律性の援助と別れにまつわる葛藤に、いくばくかの折り合いをつけられるように感じていた。

余談の域だが、これと対極にあるのが、教師の役割である。教師とは、時代を超えて生徒に何かを教え、教えられた内容も、教えた人物も教え子の記憶に残る。「かつて〝先生〟から教えてもらった大事なことは何か」と尋ねられれば、多くの人が何かしら答えられるだろう。そして、もしこの教えの価値が高く普遍的なものであれば、対象者ばかりでなく、世代から世代へと語られ、教え継がれるだろう。

表具師仮説

このように、足場飛び説は教育職と心理職の仕事の違いをよく描写し、自分の助けになると思ってきたのだが、最近、足場とび説は、我々の関わりの痕跡が対象者に残らないことを美化しすぎているのではないかと思うようになってきた。残らない仕事であるという価値づけに疑問を感じはじめているのである。このため最近の筆者は、長く発展させてきた足場とび職説を捨てつつある（ただし、今も後輩たちにはこれを使って教えることはある）。最近、勤務先に長く組んであった建物修繕工事の足場が解体された。その際に出る鉄骨の音は思いがけず大きく、足場とびは去り際がよくないかもしれないと感じて、これはいただけないとますます思った。

というわけで、最近筆者は、加害者臨床の「表具師説」に移行している。心理臨床の仕事は、ふすまや障子の破れた部分、傷んだ部分を補修し、しみやくすみを取り、「現役のまま」使いつづけられるようにする仕事に似ている。非常によくできた仕事は、足場とびと同じく、そこに職人の手が入っていることに誰も気づかないかもしれない。しかし、すっかり元通りではなく、よく見れば補修の痕は残っているかもしれず、それでありながら、引きつづきそのふすまや障子を実生活のなかで「使うことができる」という意味では、仕事として十分に足りる。時には修繕の跡を見て、昔の思い出を懐かしく回想することで、心に潤いが生まれるかもしれない。つまり、非行少年や犯罪者を対象とする心理臨床について言えば、自分がかつて傷ついていたこと、人に多大な迷惑をかけたこと、取り返しのつかない罪を犯したこと、事件を起こした自分を改善し変化したことを、対象者が携えて生きていけるのがよいではないか。補修の跡を見て、かつてそこに関わった専門家がいたことをちらっと思い出すのも、害にはなるまいと思うようになった。

別れの排除

意味の深い別れを創りたい。表具師仮説のもつもうひとつの利点は、そんな風に思えることである。「共感の関係」のなかで、非行や犯罪の理解を進めることができ、そしてそれにより、別れがもたらす情緒を共に眺め、抱えることができると、その痕跡は、彼らが洞察を進めるきっかけになるかもしれない。これらが達成されたとき、別れは否定されず排除されず、深みが出るだろう。他方、足場とび仮説は、別れの痛みを否認するために使うものである。これは小此木（1979）の言う悲哀の排除という概念と重なる。

このように、別れという事象について、筆者はこれまであれこれ考えつづけてきたつもりだったが、ふと我が身を振り返ると、最近、かつてのように別れをつらいとは思わなくなっていることに気づいた。プロは感情労働をしないなどと言われるが（井原 2018）、成長してそうした領域で仕事ができるようになったからなのか。それとも、多くの別れを経験してその痛みの感覚が麻痺してきたのか。

考えてみたところ、「最近、別れていない」と思い至った。現場で徐々に指導的立場になると、非行少年や受刑者といった対象者との直接的な関わりは少なくなる。代わりに増えるのは、スーパーヴァイジーとの関係で、これについてはどちらかが転勤したり、スーパーヴィジョンの契約から解かれたりしても、人としての関係は続いていく。ゆえに、これきり会わないという別れにはならない。明瞭な別れがないなかで、どう別れを体験するかという新たなテーマが立ち現われてくるようにも思われ、足場とび仮説も表具師仮説も超える第三のモデルを探さねばならない段階にいるのかもしれない。

比較的長く関わりをもつことができたり、何度も再入して断続的ながら数年にわたって担当できたりしたケースでは、そもそも別れとは何ぞやなどという、やや哲学的な話題が面接で扱われることもある。十分発達した「共感の関係」が築けていると、たいていは、別れも絶対的ではないという流れになるように思う。別れたつもりでも、両者がどこかでばったり会う確率はゼロではない。たとえば、家のリフォームを頼んだら、やってきた足場とびが、やってきた表具師が、かつての対象者であったということだって絶対ないとは言い切れない。街でばったり会うことだってあるかもしれない。もう会うことはないだろうと思っていた相手を見つけたとき、相手から見つけられたとき、我々はどう反応できるだろう。仮に本当にそんなときが来たら、お互いにまっすぐ相手を見合うことができるといいかなぁ……などという話になることが多い。一緒に想像の世界を楽しめるようになった対象者を頼もしく思いつつ、「多分ありえないが、絶対にないとは言えないそのときまで」自分の生き方に責任をもつという目標を、両者で暗黙のうちに確認する。背筋が伸びる。

矯正施設を出た非行少年や受刑者が物理的に我々と別れても、広い空の下で一緒にいるというイメージを非言語的な交流のなかで共有できる面接をつくることは、なかなか冒険的で、無欲と意欲の融合過程を生む。「逢うは別れの始め」というより、「別るるは会うの始め」という心境である。

ヒース（Heath 2017）は、喪失の傷をもつクライエントのセラピーについて述べるなかで、喪失の経験、別れの経験が人の成長にも不安定化にも作用するとしたうえで、セラピストの役割は対話のなかで癒すことではなく、つながることで癒すことであると言い切っている。過去の別れに関するこうした見解は、これから迎える別れに対しても、一抹の真実があるように思われる。

あとがき

　ご縁があって金剛出版の『臨床心理学』誌に寄稿させていただくことが続いていた頃、単行本を出しませんかと思いがけないお誘いをいただきました。「いやいや、とんでもないことです」と丁重にご辞退申し上げたところ、それでは一二回の連載をしませんかと誘っていただきました。「いやいや、私は今、とある国際資格の試験を受けたくて、向こう一年はその準備に没頭します」とこれも丁重にご辞退申し上げたところ、ぴったり一年後に連載のご依頼を正式にいただきました。このような誠意あるご依頼に、私も同じだけの誠意をもってお応えしなければならないと、強く思いました。しかし、それでもなお当時の私には迷いがあり、上司に言って反応が芳しくなかったらやっぱりやめちゃおうかな、などとずるい気持ちで相談したところ、直属の上司から、「思いっきり書きなさい」と大激励を受け、覚悟を決めました。

　そういうわけで、この本では、筆者が臨床現場で非行少年や受刑者、同僚から教えてもらいつつ、筆者が思ってきたこと、感じてきたこと、内省してきたことを、できるだけ自分の言葉で記そうと努力しました。この仕事に関心をもってくださっている学生の方には、一臨床家の目を通して、非行・犯罪に至った人々への心理臨床活動の実際について知っていただけたらうれしく思います。また、同じ領域ないしは近接領域で働く臨床家とは、本書への批判も含めて、仕事に関する議論ができたら、これも筆者にとってはさらなる学びになると信じています。

隔月誌上の連載は、上記のようにはじめからいろいろな方を頼りながら始まり、そして最後まで、多くの方々のお力添えを受けてできあがりました。現京都少年鑑別所長・渡邉悟先生、元府中刑務所効果検証班・渡邉真也先生、現川越少年刑務所教育部長・淵上泰郎先生には、連載が続く二年の間、絶え間なく支えていただきました。文献の収集に関しては、今村洋子先生、金丸隆太氏、河合美子氏、矯正図書館の飯島来紫江氏に幾度となく助けていただきました。矯正の仲間である（あった）、神藤彩子氏、渡邉則子氏、鈴木清登氏、齋田頌子氏、松嶋祐子氏、猪爪さやか氏、元木良洋氏、橋本秀彦氏、岩崎陽子氏、今村美衣子氏、伊藤涼平氏、平野貴子氏、木高暢之氏、中村暢氏には、提出前の原稿を読んでいただき、その都度貴重なコメントと助言をいただきました。単行本化にあたり、田中かおり氏には、すべての原稿に目を通していただき、最後の校正作業を強力に支えていただきました。そして、カナダのD・R・ピクトークン氏には、本書の表紙にその作品を使わせていただくにあたり、特別の御配慮をいただきました。さらに心理臨床の現場に足を踏み入れてから二八年が経過しますが、長いプロセスのなかで、私を厳しく、温かく導いてくださった故深澤道子先生、シドニーのイラーナ・レイ（Elana Leigh）先生に感謝します。最後に、金剛出版の藤井裕二氏には、五年にわたる連載から単行本化の過程で、つねに的確な助言と温かい激励をいただきました。ありがとうございました。

二〇一九年三月

門本　泉

文　献

第1章

Andrews, D.A. & Bonta, J. (1998) The Psychology of Criminal Conduct. 2nd Edition. Anderson Publishing.

シャルル・ボオドレール［鈴木信太郎＝訳］(1961)『悪の華』岩波書店（岩波文庫）

Bull, R., Cooke, C., Hatcher, R., Woodhams, J., Bilby, C. & Grant, T. (2006) Criminal Psychology : Beginner's Guides. Oneworld Publications.

Landay, W. (2011) http://www.williamlanday.com/2011/05/09/why-are-we-attracted-to-crime-stories/［2019年2月1日閲覧］

Milner, J.S. & Dopke, C.A. (1997) Paraphilia not otherwise specified : Psychopathology and theory. In : D.R. Laws & W.T. O'Donohue (Ed.) Sexual Deviance : Theory, Assessment and Treatment. Guilford, pp.394-423.

Simon, R.I. (1996) Bad Men Do What Good Men Dream : A Forensic Psychiatrist Illuminates the Darker Side of Human Behavior. American Psychiatric Press.

末川 博＝編著 (2014)『法学入門 第6版 補訂版』有斐閣（有斐閣双書）

第2章

Berne, E. (1961) Transactional Analysis in Psychotherapy. Grove Press.

Berne, E. (1966) Principles of Group Treatment. Oxford University Press.

C・ダ・アグラ (da Agra, C.)、L・R・マンザネラ (Manzanera, L.R.)、A・カスピ (Caspi, A.)、影山任佐、藤岡淳子 (2012)「全体会2 臨床犯罪学のフロンティア」『国際犯罪学会第16回世界大会報告書』pp.37-45.

Freeman, A. (Ed.) (2005) Encyclopedia of Cognitive Behavior Therapy. Springer-Verlag.（内山喜久雄ほか＝監訳 (2010)『認知行動療法事典』日本評論社）

Freund, K., Seto, M.C. & Kuban, M. (1997) Frotteurism. In : D.R. Laws & W. O'Donohue (Eds.) Sexual Deviance : Theory, Assessment, and Treatment. The Guilford Press.

藤岡淳子＝編 (2007)『犯罪・非行の心理学』有斐閣

法務省矯正研修所＝編 (2013)『研修教材矯正心理学』矯正協会

Lily, J.R., Cullen, F.T. & Ball, R.A. (2011) Criminological Theory : Context and

Consequences. 5th Edition. Sage Publications.（影山任佐＝監訳（2013）『犯罪学――理論的背景と帰結 第5版』金剛出版）
笠井達夫、桐生正幸、水田恵三＝編（2002）『犯罪に挑む心理学――現場が語る最前線』北大路書房
Raine, A. & Portnoy, J. (2012) Biology of crime : Past, present, and future perspectives. In : R. Loeber & B.C. Welsh (Eds.) The Future of Criminology. Oxford University Press.
Stewart, I. & Joines, V. (1987) TA Today. Lifespace Pub.（深澤道子＝監訳（1991）『TA TODAY』実務教育出版）
Stolorow, R.D., Brandchaft, B. & Atwood, G.E. (1987) Psychoanalytic Treatment : An Intersubjective Approach. The Analytic Press.（丸田俊彦＝訳（1995）『間主観的アプローチ――コフートの自己心理学を越えて』岩崎学術出版社）
Taft, D.R. (1956) Criminology. 3rd Edition. The Macmillan Company.
樽味 伸（2006）『臨床の記述と「義」』星和書店
山根清道（1974）『犯罪心理学』新曜社

第3章
Agnew, R. (1990) Adolescent resources and delinquency. Criminology 28-4 ; 535-566.
APA (2007) APA Dictionary of Psychology. American Psychological Association.
Berne, E. (1961) Transactional Analysis in Psychotherapy. Grove Press.
Briere, J.N. (1992) Child Abuse Trauma : Theory and Treatment of the Lasting Effects. Sage Publications.
Damasio, A. (1999) The Feeling of What Happens : Body and Emotion in the Making of Consciousness. Harcourt Brace & Company.（田中三彦＝訳（2003）『無意識の脳 自己意識の脳』講談社）
Gil, E. (1988) Treatment of Adult Survivors of Childhood Abuse. Launch Press.
Jacobs, T.J. (2005) Discussion of forms intersubjectivity in infant research and adult treatment. In : B. Beebe, S. Knoblauch, J. Rustin et al. : Forms of Intersubjectivity in Infant Research and Adult Treatment. Other Press, pp.165-189.（丸田俊彦＝監訳（2008）「『乳幼児研究から大人の精神療法へ――間主観性さまざま』についての考察」『乳児研究から大人の精神療法へ――間主観性さまざま』岩崎学術出版社［pp.175-199］）
橋本和明（2004）『虐待と非行臨床』創元社

法務総合研究所（2002）「研究部報告19 児童虐待に関する研究（第2報告）」
法務総合研究所（2003）「研究部報告22 児童虐待に関する研究（第3報告）」
犬塚峰子、野田正人、才村眞理ほか（2005）「児童相談所における非行相談に関する全国調査について」『児童思春期精神医療・保険・福祉の介入対象としての行為障害の診断及び治療・援助に関する研究報告書』
Murakami, C. (2012)「The effects of child abuse on conduct disorder and cognition (1), in Japanese juvenile delinquents : Analysis of contents of conduct disorder and WISC-R」『犯罪学雑誌』78-1 [pp.3-12]
中島義明、安藤清志、子安増生ほか＝編（1999）『心理学事典』有斐閣
Pally, R. (2005) A neuroscience perspective on forms of intersubjectivity in infant research and adult treatment. In : B. Beebe, S. Knoblauch, J. Rustin et al. : Forms of Intersubjectivity in Infant Research and Adult Treatment. Other Press, pp.191-241.（丸田俊彦＝監訳（2008）「神経科学から見た『乳幼児研究から大人の精神療法へ――間主観性さまざま』」『乳児研究から大人の精神療法へ――間主観性さまざま』岩崎学術出版社 [pp.201-250]）
吉永千恵子（2007）「児童虐待と非行」野村俊明、奥村雄介＝編『非行と犯罪の精神科臨床――矯正施設の実践から』星和書店 [pp.115-127]

第4章

青島多津子（2012）「加害者と贖罪」廣井亮一＝編『加害者臨床』日本評論社 pp.33-42.
前田雅英（2006）『刑法総論講義 第4版』東京大学出版会
Mellor, K. & Schiff, E. (1975) Discounting. Transactional Analysis Journal 5-3 ; 295-302.
森 正人（1988）「今昔物語集事典」三木紀人＝編『今昔物語集宇治拾遺物語必携』學燈社 pp.84-118.
なだいなだ（2014）『常識哲学――最後のメッセージ』筑摩書房
Peck, M.S. (1983) People of the Lie. Simon & Schuster Inc.（森 英明＝訳（1996）『平気でうそをつく人たち――虚偽と邪悪の心理学』草思社）
佐藤直樹（2011）『なぜ日本人はとりあえず謝るのか』PHP研究所

第5章

Boyd, H.S. & Cowles-Boyd, L. (1980) Blocking tragic scripts. Transactional Analysis Journal 10-3 ; 230-231.
Firestone, R.W. (1997) Suicide and the Inner Voice : Risk, Assessment, Treatment, and Case Management. Sage Publications.
Hargaden, H. & Sills, C. (2002) Transactional Analysis : A Relational Perspec-

tive. Brunner-Routledge.（深澤道子＝監訳（2007）『交流分析——心理療法における関係性の視点』日本評論社）
法務省（2019）「矯正統計統計表、及び同少年矯正統計表」（http://www.moj.go.jp/housei/toukei/toukei_ichiran_index.html［2019年2月27日閲覧］）
法務総合研究所（2001）「児童虐待に関する研究（第1報告）」『法務総合研究所研究部報告11』
門本 泉（2008）「非行と自殺」『現代のエスプリ』488［pp.77-87］
門本 泉（2012）「非行臨床における自傷——その理解の枠組みとかかわりかたのコツ」『精神療法』38-3［pp.333-338］
Kernberg, O.F.（1998）The psychotherapeutic management of psychopathic, narcissistic, and paranoid transferences. In : T. Millon, E. Simonsen, M. Birket-Smith et al.（Eds.）Psychopathy : Antisocial, Criminal, and Violent Behavior. Guilford Press.
Morita, N. et al.（2013）「How does trauma caused by violence influence the risk of relapse in and effects of cognitive behavioral therapy for drug addicts in prison」『犯罪学雑誌』79-1［pp.3-15］
内閣府（2014）「平成26年度「自殺予防週間」実施要綱」
Nakai, Y., Inoue, T., Toda, H. et al.（2014）The influence of childhood abuse, adult stressful life events and temperaments on depressive symptoms in the nonclinical general adult population. Journal of Affective Disorders 158 ; 101-107.
西中宏吏、吉川和男、福井裕輝（2014）「被虐待体験によるトラウマが反社会性に与える影響について——情緒・行動および脳機能評価に基づくメカニズムの検討」『犯罪学雑誌』80-1［pp.3-14］
小畠秀吾（2008）「虐待の後遺症——特に性犯罪者における被虐待体験を中心に」『トラウマティック・ストレス』6-1［pp.43-49］
緒方康介（2011）「児童相談所での知能検査に基づく被虐待児の一般知能gに関する因子平均の比較」『犯罪学雑誌』77-1［pp.11-18］
緒方康介（2013）「施設入所により回復可能な知的領域の特定——非虐待児に実施したWISC-III継時的データの分析」『犯罪学雑誌』79-2［pp.29-34］
Stern, D.（1985）The Interpersonal World of the Infant. Basic Books.（小此木啓吾、丸田俊彦＝監訳（1991）『乳児の対人世界 臨床編』岩崎学術出版社）
高橋祥友（2007）「自殺予防の基礎知識」『矯正医学』55（2-4）［pp.27-40］
高橋祥友（2014）『自殺の危険 第3版——臨床的評価と危機介入』金剛出版
Toda, H., Boku, S., Nakagawa, S. et al.（2014）Maternal separation enhances conditioned fear and decrease the mRNA levels of the neurotensin recepter 1 gene with hypermethylation of this gene in the rat amygdala. Public

Library of Science One, 9-5 ; e97421.
戸田裕之、井上 猛、野村総一郎ほか (2013)「幼少期ストレスの気分障害に対する影響」『Depression Frontier』11-2 [pp.87-93]
Walsh, B.W. (2006) Treating Self-injury : A Practical Guide. Guilford Press. (松本俊彦ほか＝訳 (2007)『自傷行為治療ガイド』金剛出版)

第6章

Ackerman, S.J., Hilsenroth, M.J., Baity, M.R. & Blagys, M.D. (2000) Interaction of therapeutic process and alliance during psychological assessment. Journal of Personality Assessment 75-1 ; 82-109.
APA (2007) APA Dictionary of Psychology. American Psychological Association.
Berne, E. (1966) Principles of Group Treatment. Oxford University Press.
Cordess, C. (2002) Building and nurturing a therapeutic alliance with offenders. In : M. McMurran (Ed.) Motivating Offenders to Change : A Guide to Enhancing Engagement in Therapy. John Wiley & Sons, pp.75-86.
Cummings, N.A. (1993) Psychotherapy with substance abusers. In : G. Stricker & J.R. Gold (Ed.) Comprehensive Handbook of Psychotherapy Integration. Plenum Press, pp.337-352.
深澤道子 (1992)「カウンセリングにおける契約の概念 (TAを中心に)」『筑波大学臨床心理学論集』8 [pp.3-8]
Goulding, R.L. & Goulding, M.M. (1978) The Power Is in the Patients : A TA/Gestalt Approach to Psychotherapy. TA Press.
井原 裕 (2010)「うつ病臨床における「えせ契約」(Bogus contract) について」『精神神経学雑誌』112-11 [pp.1084-1090]
Jacobs, M. (2006/2014 [Kindle Ver.]) The use of contracts in the psychodynamic/psychoanalytic approach. In : C. Sills (Ed.) Contracts in Counselling & Psychotherapy. 2nd Edition. Sage Publications.
門本 泉、室城隆之 (2000)「司法非行臨床の中の“契約”」『犯罪心理学研究』38-2 [pp.1-15]
加藤 敏 (2009)「治療同盟、医師－患者関係」『精神科治療学』増刊号24 [pp.10-12]
Linehan, M.M. (1993a) Cognitive-Behavioral Treatment of Borderline Personality Disorder. Guilford Press. (大野 裕＝監訳 (2007)『境界性パーソナリティ障害の弁証法的行動療法』誠信書房)
Linehan, M.M. (1993b) Skills Training Manual for Treating Borderline Personality Disorder. Guilford Press. (小野和哉＝監訳 (2007)『弁証法的行動療法

実践マニュアル――境界性パーソナリティ障害への新しいアプローチ』金剛出版）
西口芳伯（2009）「反社会性人格障害と非行に対する精神療法・心理社会的療法ガイドライン」『精神科治療学』増刊号24［pp.222-223］
Sills, C. (1997) Contracts and contract making. In : C. Sills (Ed.) Contracts in Counselling. Sage Publications, pp.11-35.
Stewart, I. (1989) Transactional Analysis Counselling in Action. Sage Publications.
Stewart, I. & Joines, V. (2012) TA Today. Lifespace Pub.
津田真知子（2011）「面接の基本的な構造と契約、面接者の基本的姿勢」『臨床心理学』11-6［pp.803-807］
Wills, F. (1997) Cognitive counselling : A down-to-earth and accessible therapy. In : C. Sills (Ed.) Contracts in Counselling. Sage Publications.
Woollams, S. & Brown, M. (1978) Transactional Analysis. Huron Valley Institute.（繁田千恵＝監訳（2013）『交流分析の理論と実践技法――現場に役立つ手引き』風間書房）
Yeomans, F.E., Gutfreund, J., Selzer, M.A., Clarkin, J.F., Hull, J.W. & Smith, T.E. (1994) Factors related to drop-outs by borderline patients : Treatment contracts and therapeutic alliance. Journal of Psychotherapy Practice and Research 3-1 ; 16-24.

第７章

Boston Change Process Study Group (2010) Change in Psychotherapy : A Unifying Paradigm. W.W. Norton.（丸田俊彦＝訳（2011）『解釈を越えて――サイコセラピーにおける治療的変化プロセス』岩崎学術出版社）
Goulding, M.M. (1987) Transactional analysis and redecision therapy. In : J.K. Zeig (Ed.) The Evolution of Psychotherapy. Brunner/Manzel, pp.285-299.（深澤道子＝訳（1990）「トランズアクショナル・アナリシスと再決断療法」『21世紀の心理療法II』誠信書房［pp.499-529］）
神田橋條治（1997）『対話精神療法の初心者への手引き』花クリニック神田橋研究会
Jaenicke, C. (2010) Change in Psychoanalysis : An Analyst's Reflection on the Therapeutic Relationship. Routledge (Kindle Ver.).
丸田俊彦（2002）『間主観的感性――現代精神分析の最先端』岩崎学術出版社
丸田俊彦（2013）「アクセプタンスと間主観性」『精神療法』39-6［pp.873-878］
丸田俊彦、森さち子（2006）『間主観性の軌跡――治療プロセス理論と症例のアーティキュレーション』岩崎学術出版社.

里見 聡（2015）「少年鑑別所の資質鑑別面接における間主観性」『犯罪心理学研究』52-2［pp.21-33］
Stolorow, R.D., Brandchaft, B. & Atwood, G.E. (1987) Psychoanalytic Treatment : An Intersubjective Approach. Analytic Press.（丸田俊彦＝訳（1995）『間主観的アプローチ――コフートの自己心理学を超えて』岩崎学術出版社）

第８章

Berne, E. (1964) Games People Play. Grove Press.
Erskine, R.G. (1994) Shame and self-righteousness : Transactional Analysis perspectives and clinical interventions. Transactional Analysis Journal 24-2 ; 86-102.
グレン・O・ギャバード［狩野力八郎＝監訳］（2012）『精神力動的精神療法――基本テキスト』岩崎学術出版社
Gabbard, G.O. & Wilkinson, S.M. (2000) Management of Countertransference with Borderline Patients. Jason Aronson (kindle Ver.).
アドルフ・グッゲンビュール＝クレイグ［樋口和彦、安渓真一＝訳］（1981）『心理療法の光と影』創元社
Hawkins, P. & Shohet, R. (2012) Supervision in the Helping Professions. 4th Edition : Supervision in Context. Open University Press.（国重浩一、バーナード紫、奥村朱矢＝訳（2012）『心理援助職のためのスーパービジョン 第3版』北大路書房）
Holtby, M.E. (1979) Interlocking racket system. Transactional Analysis Journal 9-2 ; 131-135.
Huss, M.T. (2014) Forensic Psychology : Research, Clinical Practice, and Applications. 2nd Edition. John Wiley & Sons.
Jacobs, T.J. (1986) On countertransference enactments. Journal of American Psychoanalytic Association 34-2 ; 289-307.
倉田百三（1927）『出家とその弟子』岩波書店
Landaiche, N.M. (2014) Failure and shame in professional practice : The role of social pain, the haunting of loss. Transactional Analysis Journal 44-4 ; 268-278.
三木 清（1954）『人生論ノート』新潮社
ハインリッヒ・ラッカー［坂口信貴＝訳］（1982）『転移と逆転移』岩崎学術出版社
Roberts, D.L. (2001) Living as Healer. Hope Publishing House.
Sandler, J. (1976) Countertransference and role-responsiveness. International Review of Psycho-Analysis 3 ; 43-47 (In 2007 Psychoanalytic Electric

Publishing).
Zaslavsky, J. & dos Santos, M.J.P. (2005) Countertransference in psychotherapy and psychiatry today. (http://www.scielo.br/pdf/rprs/v27n3/en_v27n3a08.pdf［2015年5月7日閲覧］).

第9章

Hargaden, H. & Sills, C. (2002) Transactional Analysis : A Relational Perspective. Brunner-Routledge.（深澤道子＝監訳 (2007)『交流分析――心理療法における関係性の視点』日本評論社）
Jaenicke, C. (2010) Change in Psychoanalysis : An Analyst's Reflection on the Therapeutic Relationship. Routledge (Kindle Ver.).
クリス・ジェニキー［丸田俊彦＝監訳］(2014)『関わることのリスク――間主観性の臨床』誠信書房
Jolliffe, D. & Murray, J. (2012) Lack of empathy and offending : Implications for tomorrow's research and practice. In : R Loeber & BC Welsh (Eds.) (2012) The Future of Criminology. Oxford University Press, pp.62-69.
鯨岡 峻 (2006)『ひとがひとをわかるということ――間主観性と相互主体性』ミネルヴァ書房
森岡正芳 (2005)『うつし 臨床の詩学』みすず書房
奥村雄介 (2012)「非行少年へのサイコセラピー」『精神科』20-1［pp.8-12］
Orange, D.M. (1995) Emotional Understanding : Studies in Psychoanalytic Epistemology. The Guilford Press.
Trevarthen, C. (2010) What is it like to be a person who knows nothing? Defining the active intersubjective mind of a newborn human being. Infant and Child Development 20-1 ; 119-135.
辻 悟 (2000)「ロールシャッハ検査法と精神・心理臨床」『ロールシャッハ法研究』4［pp.53-65］

第10章

Boston Change Process Study Group (2010) Change in Psychotherapy : A Unifying Paradigm. W.W. Norton.（丸田俊彦＝訳 (2011)『解釈を越えて――サイコセラピーにおける治療的変化プロセス』岩崎学術出版社）
土居健郎 (1992)『新訂 方法としての面接』医学書院
神田橋條治 (1990)『精神療法面接のコツ』岩崎学術出版社
神田橋條治 (2005)『治療のこころ 第12巻 問いに答える二』花クリニック神田橋研究会
Marshall, W.L., Marshall, L.E., Serran, G.A. et al. (2006) Treating Sexual

Offenders. Routledge.
中井久夫、神田橋條治（2012）「体験の共有が先、言葉はその後」『精神看護』15-2［pp.40-53］
Orange, D.M. (1995) Emotional Understanding : Studies in Psychoanalytic Epistemology. The Guilford Press.
山本ヤスヲ（2012）「経験値MAX 90歳の精神科訪問看護師」『精神看護』15-1［pp.5-17］

第11章

Berant, E., Saroff, A., Reicher-Atir, R. et al. (2005) Supervising personality assessment : The intersubjective and psychodynamic elements in the supervisory process. Journal of Personality Assessment 84-2 ; 205-212.
Berne, E. (1964) Games People Play. Grove Press.
Cox, M. (2007) On doing supervision. Transactional Analysis Journal 37-2 ; 104-114.
Erskine, R.G. (1982) Supervision of psychotherapy : Models for professional development. Transactional Analysis Journal 12-4 ; 314-321.
メアリー・G・フローリー＝オーディ、ジョアン・E・サーナット［最上多美子、亀島信也＝監訳］（2010）『新しいスーパービジョン関係――パラレルプロセスの魔力』福村出版
ダイアン・フリードマン＋ナディーン・J・カスロー（1990）「心理療法における専門家としてのアイデンティティの発達――スーパービジョン・プロセスの6段階」、フローレンス・W・カスロー＝編［岡堂哲雄、平木典子＝訳］『心理臨床スーパービジョン』誠信書房［pp.41-64］
グレン・O・ギャバード［狩野力八郎＝監訳］（2012）『精神力動的精神療法――基本テキスト』岩崎学術出版社
Ghaye, T. (2000/2004) The role of reflection in nurturing creative clinical conversations. In : T. Ghaye (Ed.) : Effective Supervision : The Role of Reflection. Mark Allen Pub, pp.55-71.
Hawkins, P. & Shohet, R. (2012) Supervision in the Helping Professions. 4th Edition : Supervision in Context. Open University Press.（国重浩一、バーナード紫、奥村朱矢＝訳（2012）『心理援助職のためのスーパービジョン』北大路書房［原書第3版翻訳］）
Hawkins, P. & Smith, N. (2006) Coaching, Mentoring and Organizational Consultancy : Supervision and Development. Open University Press.
Henderson, P., Miller, A. & Holloway, J. (2014) Practical Supervision : How to Become a Supervisor for the Helping Professions. Jessica Kingsley

Publishers (kindle Ver.).
アレン・K・ヘス（1990）「スーパーヴィジョンにおける成長――スーパーヴァイジー・スーパーヴァイザーの発達段階」、フローレンス・W・カスロー＝編［岡堂哲雄、平木典子＝訳］『心理臨床スーパービジョン』誠信書房［pp.65-85］
Kadushin, A. (1968) Games people play in supervision. Social Work 13-3 ; 23-32.
Kadushin, A. (1976) Supervision in Social Work. Columbia University Press.
フローレンス・W・カスロー（1990）「スーパーヴィジョン、コンサルテーション、およびスタッフの訓練――精神保健の専門職業領域における創造的な教え方と学習の過程」、フローレンス・W・カスロー＝編［岡堂哲雄、平木典子＝訳］『心理臨床スーパービジョン』誠信書房［pp.3-23］
Management Sciences for Health (1998) Supervisor Competency Self-Assessment Inventory. (https://www.k4health.org/toolkits/leadershipmgmt/supervisor-competency-self-assessment-inventory［2015年10月15日閲覧］)
Mazzetti, M. (2007) Supervision in Transactional Analysis : An operational model. Transactional Analysis Journal 37-2 ; 93-103.
McNeill, B.W. & Worthen, V. (1989) The parallel process in psychotherapy supervision. Professional Psychology, Research and Practice 20-5 ; 329-333.
スーザン・A・ニューフェルツ［中澤次郎＝監訳］（2003）『スーパービジョンの技法――カウンセラーの専門性を高めるために』培風館
Newton, T. (2012) The supervision triangle : An integrative model. Transactional Analysis Journal 42-2 ; 103-109.
Newton, T. & Napper, R. (2007) The bigger picture : Supervision as an educational framework for all fields. Transactional Analysis Journal 37-2 ; 150-158.
Pearce, N., Beinart, H., Clohessy, S. et al. (2013) Development and validation of the supervisory relationship measure : A self-report questionnaire for use with supervisors. British Journal of Clinical Psychology 52 ; 249-268.
Proctor, B. (1997) Contracting in supervision. In : C. Sills (Ed.) : Contracts in Counselling. Sage, pp.190-206.
リチャード・ローボルト（2015）「強制的な師弟関係」、リチャード・ローボルト＝編［太田裕一＝訳］『スーパービジョンのパワーゲーム』金剛出版［pp.217-237］
Rønnestad, M.H. & Skovholt, T.M. (1993) Supervision of beginning and advanced graduate students of counseling and psychotherapy. Journal of Counseling and Development 71 ; 396-405.

Rønnestad, M.H. & Skovholt, T.M. (2003) The journey of the counselor and therapist : Research findings and perspectives on professional development. Journal of Career Development 30-1 ; 5-44.
Stolenberg, C.D. & Delworth, U. (1987) Supervising Counselors and Therapists. Jossey-Bass.
鈴木保實 (1890)「看守者の養成は治獄上の一大要件なり」『大日本監獄協会雑誌』26 [pp.43-44]
鉄島清毅 (2010)「矯正領域における面接」『こころの科学』149-1 [pp.45-52]
山岡鉄舟 [高野 澄＝編訳] (2003)『剣禅話』たちばな出版

第12章

Berne, E. (1961) Transactional Analysis in Psychotherapy. Grove Press.
Berne, E. (1966) Principles of Group Treatment. Grove Press.
Berne, E. (1972) What Do You Say After You Say Hello?. Bantam Books.
Clarkson, P. (1992) Transactional Analysis Psychotherapy : An Integrative Approach. Routledge.
Cornell, W.F. (2011) Keeping our work alive : Reflections on writing upon receiving the 2010 Eric Berne Memorial Award. Transactional Analysis Journal 41-1 ; 11-16.
Hargaden, H. & Sills, C. (2002) Transactional Analysis : A Relational Perspective. Brunner-Routledge.（深澤道子＝監訳 (2007)『交流分析——心理療法における関係性の視点』日本評論社）
James, M. & James, J. (1991) Passion for Life. Dutton.
Le Guin, U.K. (1968/2004) A Wizard of Earthsea. Bantam Mass Market Reissue.（清水真砂子＝訳 (1976/2009/2015)『ゲド戦記I——影との闘い』岩波書店）
シャッド・マルナ [津富宏、河野荘子＝監訳] (2013)『犯罪からの離脱と「人生のやり直し」——元犯罪者のナラティブから学ぶ』明石書店
森岡正芳 (2005)『うつし——臨床の詩学』みすず書房
成田善弘 (2003)『精神療法家の仕事——面接と面接者』金剛出版
Rogers, C.R. (1960/1984) A Therapist's View of Personal Goals. Pendle Hill.
Ruszczynski, S. (2012) What makes a secure setting secure?. In : J. Adlam et al. (Eds.) The Therapeutic Milieu under Fire. Jessica Kingsley Publishers, pp.200-211.
ジョン・シュラパバスキー (2004)「集団分析の展望——腕に物を言わす世界から言葉による言語世界へ」、クリストファー・コーデス、マレイ・コックス [作田 明＝監訳]『司法心理療法——犯罪と非行への心理学的アプロー

チ』星和書店［pp.276-299］)
フェルディナント・フォン・シーラッハ［酒寄進一＝訳］(2015)『犯罪』東京創元社

補遺

Heath, L. (2017) Keeping our balance. Transactional Analysis Journal 44-4 ; 291-301.
井原 裕 (2018)「対人援助者のこころの健康と相模原事件――被害者から加害者へ」『臨床心理学』18-5［pp.570-574］
神田橋條治 (2003)「非行・犯罪臨床の中で神田橋先生に聴く」『犯罪心理学研究』41 (特別号)［pp.166-177］
松木邦裕 (2016)「心理療法の終結に至るまでの諸局面と終結――精神分析臨床からの探求」、松木邦裕＝監修『心理療法における終結と中断』創元社［pp.13-29］
岡村 繁 (1988)『新釈 漢文大系第99巻 白氏文集 (三)』明治書院
小此木啓吾 (1979)『対象喪失――悲しむということ』中央公論新社 (中公新書)

門本 泉｜かどもと・いずみ

大正大学心理社会学部教授。早稲田大学大学院文学研究科（修士）、筑波大学大学院システム情報工学研究科（博士）修了。名古屋少年鑑別所、東京少年鑑別所、川越少年刑務所、府中刑務所、さいたま少年鑑別所等を経て、2022年4月より現職。臨床心理士、公認心理師、Teaching and Supervising Transactional Analyst。

編著書に『TAベイシックス』（日本TA協会）、『性犯罪者への治療的・教育的アプローチ』（金剛出版）ほか、訳書に『性犯罪者の治療と処遇——その評価と争点』（日本評論社）、『自傷の文化精神医学』（金剛出版）ほか。

加害者臨床《かがいしゃりんしょう》を学《まな》ぶ　司法《しほう》・犯罪心理学現場《はんざいしんりがくげんば》の実践《じっせん》ノート

2019年8月10日　初刷
2022年4月10日　2刷

著者——門本 泉

発行者——立石正信
発行所——株式会社 金剛出版
〒112-0005 東京都文京区水道1-5-16　電話 03-3815-6661
振替 00120-6-34848

装丁⊙HOLON　本文組版⊙石倉康次　印刷・製本⊙シナノ印刷

ISBN978-4-7724-1704-4 C3011

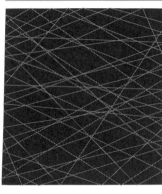